12か月の指導計画案付き

3歳児クラスの教育

指導計画から保育ドキュメンテーションまで

乳幼児教育は、その後の人生に大きな影響を与えます。幼保連携型認定こども園、保育所、幼稚園などの集団における教育環境は、小さな社会の一員として生活する重要な機会となります。一人ひとりの発達の違いに配慮された集団のなかでの学びは、家庭とは違った成長を促します。このような環境のなかの学びを保護者とともに喜び、情報を共有していくためのひとつの発信方法として有効とされるのが保育のドキュメンテーションです。

今回の改訂版は、平成30年施行の認定こども園教育・保育要領や保育所保育指針、幼稚園教育要領を基に見直したものです。旧版も、養護と教育の5領域を基本に行われる乳幼児教育の理念に沿って書かれていますが、新版は、乳児期（0歳）の3つの視点や満1歳から満3歳未満（保育所では1歳以上3歳未満）の5領域、満3歳以上（保育所では3歳以上）の5領域に分かれたものを意識して、見直されています。ドキュメンテーションの保育内容自体は変わっていませんが、例えば、上記のとおり、ねらい・内容の対象年齢が3つに区分されたこと、幼児期の終わりまでに育ってほしい10の姿や育みたい資質・能力など、新たに提示されたことも意識して書き足されたものになっています。

本シリーズでは、各年齢の「発達のようす」を理解したうえで、発達に基づいた「指導計画を作成」し、「あそびプロジェクト」を設定、より具体的な「保育のねらい」と「保育ドキュメント」を提示し、「保育ドキュメンテーション」を作成するという構成です。さらに、子どもがどのようにかかわり、何を学び取ったのかをわかりやすくまとめた全国の認定こども園や保育所の開示例も挙げています。保育の有効なツールとして、現場のみなさまにおおいに活用していただければ幸いです。

3歳児は集団保育が始まる時期で、友だちとのかかわりも増えますが、実際には同じあそびを同じ場所でそれぞれが別々に楽しむ並行あそびが続いています。しかしことばの基礎ができて、盛んに質問するなど知的興味や関心が高まり、他者とのかかわりを積極的に求め始める時期でもあります。また、自我がよりはっきりしてくると同時に、予想や意図、期待を持って行動できるようになり、さらに3歳児後半には、象徴機能や観察機能を発揮して、他者とかかわりながら行うごっこあそびなどの内容にも発展性が見られるようになります。子どもどうしのかかわりを見守り、必要な援助をしていきましょう。

2021年2月

保育総合研究会会長 　椛沢幸苗

もくじ

第1章 保育計画

第2章 本格的な集団教育の始まり

第3章 保育ドキュメンテーションの作成

改訂版保育サポートブック　3歳児クラスの教育CD-ROM

マークのあるページは、Excel用のフォーマットデータをCD-ROMに収録しています。CD-ROMの詳細については、P.3をご覧ください。
本書に収録されている内容は、あくまでもひとつの案です。
書式や内容などは、各園の子どもの発達の様子に合わせて変更してご活用ください。

CD-ROMの使い方

本CD-ROMは、保育計画や保育ドキュメンテーションを作る上で役に立つフォーマットや文書などを収録したデータ資料集です。パソコンソフトのExcel・Power Pointで作ることを想定して作られていますので、下記のポイントをご覧いただいた上でご使用ください。また、保育指針などの文書類はPDF形式で収録してありますので、プリントアウトしてご活用ください。

Point

■ご使用になりたいフォーマットを開き、ご自身のパソコンに保存してからご利用ください。

■フォーマットは一部を除いて文字が入っていますが、あくまでも一つの文例です。ご使用に際しては、内容を十分ご検討の上、園の方針に沿った文章を入力してください。園から発信される文章の内容については、各園の責任となることをご了承ください。

 01_フォーマット3歳児
内容をご検討の上、園の方針に沿った文章を入力してご使用ください。
各フォーマットは、園の保育内容に合わせて変更してご利用ください。

- _3歳児月間指導計画（案）フォーマット.xlsx
- _3歳児年間指導計画（案）フォーマット.xlsx
- 保育ドキュメンテーション関連
  - _3歳児保育ドキュメンテーションフォーマット.pptx
  - _3歳児保育ドキュメントフォーマット.xlsx
  - _3歳児保育ドキュメントフォーマット（手書き用）.pdf
  - _3歳児保育のねらいフォーマット.xlsx
  - _3歳児保育のねらいフォーマット（手書き用）.pdf
  - _3歳児保育プロジェクトフォーマット.pptx

 02_参考資料

- 46細目
  - 幼児教育部会における審議の取りまとめ（報告）平成28年8月26日.pdf
- 学校感染症の種類および出席停止期間.pdf

 03_関連法・各種ガイドラインなど
厚生労働省・文部科学省・内閣府より公表されている資料です。
プリントアウトしてご活用ください。
最新の情報は各省のホームページ をご確認ください。

- 各種ガイドライン
  - 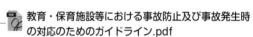 教育・保育施設等における事故防止及び事故発生時の対応のためのガイドライン.pdf
  - 保育所におけるアレルギー対応ガイドライン.pdf
  - 保育所における感染症対策ガイドライン.pdf
  - 保育所における自己評価ガイドライン.pdf
  - 保育所における食育に関する指針（概要）.pdf
  - 保育所における食事の提供ガイドライン.pdf
  - 保育所や幼稚園等と小学校における連携事例集.pdf
  - 幼稚園における学校評価ガイドライン.pdf
- 学校保健安全法.docx
- 食育基本法.pdf
- 保育所保育指針.pdf
- 幼稚園教育要領.pdf
- 幼保連携型認定こども園教育・保育要領.pdf

2021年1月現在の資料です。

CD-ROMの動作環境について
CD-ROMをご利用いただくためには、以下のものが必要となりますので、あらかじめご確認ください。

●CD-ROMを読み込めるドライブが装備されたパソコン
◇動作確認済みOS／Windows 10

●アプリケーションソフト
◇Microsoft Word・Excel・Power Point（2011以降を推奨）　◇Adobe Acrobat Reader

本書の使い方

本書『保育サポートブック』は、保育計画の作成から保育プロジェクトの計画立案、記録のとり方、開示の方法という一連の流れで構成しています。日々の保育内容の教育的効果の説明とさらなる保育内容の発展にお役だてください。また、各園独自の指導計画・保育ドキュメント・保育ドキュメンテーションの作成の一助として、フォーマットなどを収録した付録のCD-ROMもご活用ください。

（本書の特徴）●平成30年施行の要領・指針の内容を最初に提示し、続けて発達や指導計画について掲載。●養護・5領域のほか、食育も5領域の視点で記載。●保育ドキュメンテーションでは、プロジェクトとして計画的に進めていく様子を月ごとに掲載。

発達のようすを知る

子どものようす・特徴をとらえ、担当のクラスの状況をよく観察することが必要です。

保育計画

子どもの発達と保育内容を踏まえ、発達年齢別保育内容を作成したあと、年・月・週・日の指導計画を作成します。

※指導計画の作成は、『新要領・指針サポートブック』（世界文化社刊）もあわせてご参照ください。

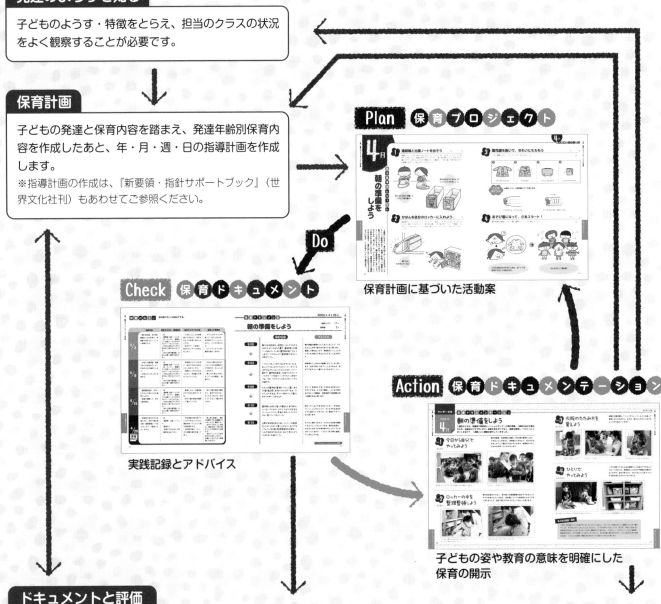

Plan 保育プロジェクト

保育計画に基づいた活動案

Do

Check 保育ドキュメント

実践記録とアドバイス

Action 保育ドキュメンテーション

子どもの姿や教育の意味を明確にした
保育の開示

ドキュメントと評価

子どものようすを時系列で書き綴る（ドキュメント）のは、意外と難しいものです。子どもの行動やその場面での出来事、子どもの発することばなど、よくよく注意を払わないと記録に残すことはできません。しかしこの記録から見える保育の在り方や子どもの発達を詳察していくうえで、保育ドキュメントは実に有効な手段です。保育の設定が適切であったか、子どもの活動に対し保育者の対応は適切であったか、子どものことばに返した保育者のことばは適切なものであったかなど、保育ドキュメントからは、指導計画では表せないより細かな子どものようすや現場の対応が見えてきます。自分の書いた保育ドキュメントに先輩や主任からアドバイスをもらうこともひとつの評価となり、保育の質の向上につながっていくことでしょう。

4

保育ドキュメンテーションのすすめ

要領・指針を基本に置き、教育課程及び全体的な計画から指導計画に続く「学び」を目に見える形にしたのが「保育ドキュメンテーション」です。ドキュメンテーションは子どもと保育者、そして保護者や地域を結び、保育を共有する手段のひとつです。例えば写真を入れた保育の記録作りは、可視化により保育者にとって自らの保育を再確認できるとともに、子どもの成長をより明確に認識できます。また保育者間の研修材料としても具体性に富み、より意味のあるものになります。さらに保護者に開示することで、保育者が日々の保育にどのようなねらいと目的を持って子どもの成長を援助しているかが伝わり、同じ方を向いて子育てをする「共育」の助けになります。あわせて地域への発信としても有効であり、乳幼児教育施設の役割を、よりわかりやすく理解してもらう「協育」のツールにもなります。つまり、「共育・協育・教育」をしていくためにドキュメンテーションの取り組みはおすすめなのです。

→ ドキュメンテーションを通して活発なコミュニケーションを

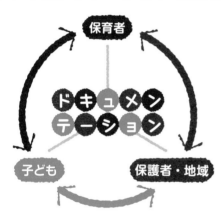

ドキュメンテーションからは、保育のねらいやその経過、保育や子どもに対しての気づき、子どもの学びが見えてきます。また、その日の保育だけではなく、教育的視点や次の保育につながるヒント、子どもの発達への思いや流れが表示されます。見やすい画面構成と視覚に訴える写真は保護者の興味を引き、保育に対して具体的な会話を展開し楽しむことができます。これは保護者の保育理解につながるだけでなく、子どもといっしょに写真を見ることは、子どもや保護者にとって保育の追体験となり、学びの再確認ができることにもなります。もちろん、園内研修の教材としても最高のコミュニケーションツールになり得るでしょう。

効果的な保育ドキュメンテーションの使い方

子ども	園	地域	保護者
ドキュメンテーションを作成した時点の保育の目的に沿った発達が、記録された子どもの行動やことばから明確に見えると同時に、個人記録の作成上、写真から導きだされる保育者の記憶を辿るのにも大きな助けになります。また継続して作成されたドキュメンテーションは、保育者だけでなく、子ども自身も、自分の成長や発達の流れを写真から読みとれるのもうれしいですね。	各クラスで作成したドキュメンテーションにより、それぞれの保育がほかのクラスにもわかりやすく可視化されるので、園の方針に沿った保育が行われていることが把握しやすくなります。同時に、園内研修や新任保育者の研修の際は資料としておおいに活用できるでしょう。ドキュメンテーションが作成され続けることで、園の保育の歴史を語る素晴らしい資料にもなります。	各種行事や地域のイベントへの参加とは違い、日々の保育の中身はなかなか外からは見えにくいものです。しかしこのドキュメンテーションには、保育のねらいをはじめ、子どもの活動や成長が、保育者の教育的視点を含めて写真といっしょに提示されているので、地域からも幼児教育の理解が得られやすい形になっています。ただし、個人情報の開示には、十分注意が必要です。	連絡帳や朝夕の送迎時の保護者との会話のなかでは伝えきれない子どもの発達があります。保育者を信じているとはいえ、保育の中身が見えないことは保護者にとって不安要因のひとつです。保育がねらいに沿って行われ、子どもの成長が文章や写真で明確に見えることは、保護者の安心と喜びにつながります。ドキュメンテーションを提示することで、共に育てる意識を育みましょう。

ドキュメンテーションとは

→ ドキュメンテーションとは

ドキュメンテーションということばの意味は、情報を収集して整理、体系化し記録を作成すること、または、文書化し可視化することです。これを保育におけるドキュメンテーションに当てはめると、保育や子どもに関する情報を集めて整理し、目的に合った形で様々に記録し、保育者・子ども・保護者に発信することです。

→ 記録を取る際に重要なことは？

保育や子どもの成長を観察する際には、多くの子どもに当てはまる基礎的な評価とともに、個人差や個性を重視した記録、評価が必要です。そして何よりも保育ドキュメンテーションで重要なのは、その記録がだれが見てもわかりやすく、保育の専門家としての知識や意図が伝わる形になっていることです。

→ 観察記録は保育にどう役立つ？

観察記録からは、子どもの考え方や認知過程（発達過程）を知ることができるといわれています。もちろん、保育者に認知過程（発達過程）を把握する観察力が備わっていることが求められますが、観察記録を他の保育者や保護者などと共有することで、一人では気付かなかったことに気付いたり、新しい発見をすることができるのです。

→ おわりに

→ 保育ドキュメンテーションはどう作る？

1 指導計画からつながる「保育プロジェクト」（週案、日案）を作成します。保育のねらいや環境構成を明確にし、子どものどういう発達を目的としたかを説明できるようにしておきましょう。

2 「保育プロジェクト」を実施する中で、子どもの言動や環境へのかかわり方をよく観察し、「保育ドキュメント」として時系列で記録します。これをもとに先輩保育者や主任、園長等から助言をもらいましょう。「子どもの言動や行動にひそんでいる発達」を見抜く力がついてきます。

3 「保育プロジェクト」や「保育ドキュメント」に写真や文章を加え、子どもの学びや成長がわかりやすい「保育ドキュメンテーション」の形にまとめ、開示します。

「保育ドキュメンテーション」を作成する一連の流れは、子どもの保育環境を豊かにし、保育者の観察力を育て、保育者・子ども・保護者間のコミュニケーションツールとなり、保護者と連携して子育てができる環境を形づくることになるでしょう。子どもの豊かな成長のために、そして保育の質の向上のために、発信のしかたをほんの少し工夫してみましょう。

育みたい資質・能力

乳幼児期にどんな資質・能力を育てたいのかを明確化したのが「育みたい資質・能力」です。「育みたい資質・能力」はいずれも指針・要領に示すねらい及び内容（5領域や乳児期の3つの視点）に基づく活動全体によって育まれ、園児の修了時・就学時の具体的な姿が「幼児期の終わりまでに育ってほしい姿」へとつながります。
小学校への接続も意識して、小学校以降の育みたい資質・能力と揃え、学校教育の始まりとされています。

➡ 「育みたい資質・能力」の3本の柱

1 「知識及び技能の基礎」

豊かな体験を通じて、感じたり、気付いたり、分かったり、できるようになったりする。

2 「思考力・判断力・表現力等の基礎」

気付いたことや、できるようになったことなどを使い、考えたり、試したり、工夫したり、表現したりする。

3 「学びに向かう力、人間性等の基礎」

心情、意欲、態度が育つなかで、よりよい生活を営もうとする。

column コラム 非認知能力 （OECD 2015 社会情動的スキル）

「非認知能力」とは？

「認知能力」（知的学力、IQなど）以外の能力を指し、自己肯定感、自制・自律性、やり抜く力、目標に向かって頑張る力、他者の痛みを知る、コミュニケーション力、時間を守る、我慢する、などが挙げられます。

非認知能力

主体的・対話的・深い学びに繋がることはもちろん、予測できないほど大きく変わっていく今後の社会を生き抜くために必要とされ、乳幼児期に育てるべきものと言われています。保育者にも、子どもとの触れ合いや環境設定によって、非認知能力を育む役割が求められています。

column コラム 主体的・対話的で深い学び

学びの目的は？

子どもたちが生涯にわたり、能動的（アクティブ）に学び続ける姿勢を育むことが主体的・対話的で深い学びの目的であり、乳幼児期にそれらの土台の形成が求められている。

主体的な学び

周囲の環境に興味や関心を持って積極的に働きかけ、見通しを持って粘り強く取り組み、自らの遊びを振り返って、期待を持ちながら、次につなげる「主体的な学び」が実現できているか。

対話的な学び

他者との関わりを深める中で、自分の思いや考えを表現し、伝え合ったり、考えを出し合ったり、協力したりして自らの考えを広げ深める「対話的な学び」が実現できているか。

深い学び

直接的・具体的な体験の中で、「見方・考え方」を働かせて対象と関わって心を動かし、幼児なりのやり方やペースで試行錯誤を繰り返し、生活を意味あるものとしてとらえる「深い学び」が実現できているか。

5領域と10の姿

5領域

→ 施設や制度による違い

point 1
5領域のねらいは、「教育及び保育（※1）において育みたい資質・能力を園児（※2）の生活する姿から捉えたもの」として示されています。また、これまでの「心情、意欲、態度を身に付ける」ことも含めて「資質・能力の3本の柱を育む」ことを目的としています。

point 2
3つの視点及び5領域を、「乳児期」を起点に「（満）1歳以上（満）3歳未満」「（満）3歳以上」へと積み上げていくものとして、記載内容の連続性と、その違いについて理解を深めましょう。

施設によって異なる語句の使い分け

	認定こども園	保育所	幼稚園
※1	教育及び保育	保育	教育
※2	園児	子ども	幼児

10の姿

→ 幼児期の終わりまでに育ってほしい姿 **10** 項目

❶ 健康な心と体
❷ 自立心
❸ 協同性
❹ 道徳性・規範意識の芽生え
❺ 社会生活との関わり
❻ 思考力の芽生え
❼ 自然との関わり・生命尊重
❽ 数量や図形、標識や文字などへの関心・感覚
❾ 言葉による伝え合い
❿ 豊かな感性と表現

point 1 「育ってほしい姿」であって到達目標ではない

幼児期の終わりまでに育ってほしい姿として示されている10の項目は、「保育者が指導を行う際に考慮するもの」です。これらは要領・指針で示される「ねらい及び内容」に基づく活動全体を通して、「資質・能力」が育まれている幼児の、幼児期終了時における「育ってほしい具体的な姿」であり、到達目標ではありません。また、その内容は、特に年長学年において強く意識するものととらえましょう。

point 2 小学校教育との接続時の共通言語

なだらかな接続をするには双方で連携し通じあう必要があることから、理解しやすさを第一に考えられています。幼児期から少年少女期に差しかかるときの姿について、子どもの育ちをわかりやすく具体的に可視化したものです。要録にも示される可能性が高く、幼児期の育ちと学びを小学校以降にも伝えることが「10の姿」の意味です。

全体的な計画

➡ 全体的な計画とは

各要領・指針が示すところに従い、入園から修了までの在園期間の全体にわたり、園の目標に向かってどのように教育や保育を進めていくかを明らかにするものです。今回の改定で、認定こども園、保育所、幼稚園のすべてで「全体的な計画」を作成することになりました。共通する新たな内容として、生きる力の基礎である「育みたい資質・能力」（p. 7 参照）や「幼児期の終わりまでに育ってほしい姿」（p. 8 参照）なども、教育や保育のなかで考慮する必要があります。子育て支援や教育時間外の教育活動も含まれます。各要領・指針に記載されている内容に応じた全体的な計画を作成しましょう。

➡ 全体的な計画の作成イメージ

認定こども園
「教育＋保育＋子育ての支援」の記述が必要

★教育及び保育の内容と子育て支援などの内容の有機的関連を図りつつ、園の全体像を包括的に示す全体的な計画を作成します。

★義務教育及びその後の教育の基礎としての「満3歳以上の園児に対する教育」と「保育を必要とする子どもに該当する園児に対する保育」を一体的に提供し、0歳から小学校就学前までの園児の教育及び保育を一貫して行うための計画を作成します。

（「全体的な計画」を構成する計画）

- 満3歳以上の園児の教育課程に係る教育時間の教育活動のための計画
- 満3歳以上の保育を必要とする子どもに該当する園児の保育のための計画
- 満3歳未満の保育を必要とする子どもに該当する園児の保育のための計画
- 保護者等に対する子育ての支援の計画
- 一時預かり事業などとして行う活動のための計画
- 園生活全体を捉えた計画
- 安全計画・保健計画・災害計画など

これらが各指導計画へとつながります。ただし、計画は別個に作成するものではなく、園児一人ひとりにとって園生活がよりよいものとなるよう創意工夫し、教育及び保育の内容についての相互関連を図り、調和と統一のとれた計画であることが重要です。

保育所
「幼児教育を行う施設」としての記述が必要

★保育の内容が組織的・計画的に構成されるために、指針の第2章に沿った記述が必要です。

★幼児教育を行う施設として認定こども園や幼稚園と「同等の教育」をどう記述するか。計画のなかで「教育課程に係る」という表現を「保育内容5領域に基づく」とするなど、「教育と保育を一体的に提供する」保育所としての記述の工夫が必要です。特に、3歳以上児の保育の時間は教育部分をどのように記述するか考えましょう。

★保健計画・食育計画、及び各園が大切にする項目について、簡易に記述することで、詳細の計画につながっていきます。

幼稚園
「教育課程＋その他の計画」の記述が必要

★要領の第3章にある教育課程外の時間、預かり保育や避難訓練、交通安全など、いろいろな計画を関連づけながら、教育課程を中心にして全体的な計画を作成します。見通しを持って幼児の生活を把握し、「カリキュラム・マネジメント」を充実させる観点から、登園から降園まで、一体的に教育活動が展開されるようにします。

教育課程

教育課程とは、幼児教育として満3歳以上について共通のねらいと内容を持ち、資質・能力を育てる課程を表したもので、幼児教育と小学校以降の教育のつながりを明確にし、社会に開かれた教育課程の実現を目指すものです。年間39週以上、月曜日から金曜日までの5日間、1日4時間を標準としています。

社会に開かれた教育課程の実現

社会や世界の状況を幅広く視野に入れ、学校教育を通じてよりよい社会を創るという目標を持ち、全体的な計画に含まれる教育課程を介してその目標を社会と共有します。

これからの社会を創りだしていく子どもたちが社会や世界に向きあい、かかわりあい、自らの人生を切り拓いていくために求められる資質・能力とは何かを教育課程において明確化していきます。

教育課程の実施にあたって、地域の人的・物的資源を活用する、放課後や土曜日等を活用した社会教育との連携を図るなど、学校教育を学校内に閉じずに、その目指すところを社会と共有・連携しながら実現させていきます。

資質・能力、10 の姿とのつながり

教育課程の作成の際は、各法人の理念に加え、「育みたい資質・能力」と「主体的・対話的で深い学び」を踏まえた目標を提示しましょう。また、「幼児期の終わりまでに育ってほしい10の姿」を念頭に置いて、卒園までに園児がどのような力を育むのかを整理しましょう。

食育

point 1 食を営む力

幼保連携型認定こども園教育・保育要領と保育所保育指針においては、健康な生活の基本としての「食を営む力」の育成に向け、その基礎を培うことが目標として示されています。日々の園生活のなかであそび・給食・食育体験などを通して、食への興味・関心を深めていくことが求められます。

point 2 食事を楽しむ

生活とあそびの場である園では、友だちや先生といっしょに食べる楽しさを感じられる機会を設けたり、ふだんとは違った特別感を感じられる給食を作ったりして、楽しさやおいしさ、食への興味を深める経験ができるようにします。また、食事前の手洗いも食習慣のひとつとして身につけられるとよいでしょう。

point 3 計画の策定

栄養士の配置のある園では、0～6歳までを縦断的に考慮した食育計画を定め、幼児期から好ましい食事習慣や態度が身につくように園生活を通じて実施します。また、幼児期には料理や食事への興味を持ち、偏食なく意欲的に食べる姿が育つよう食育計画（食事と食事の提供）を策定することが望まれます。

point 4 栄養士の専門性

栄養士が配置されている場合は、専門性を生かした対応を図るとあります。離乳食の進みや咀嚼・嚥下がうまく進まない乳児や、保育教諭（保育士）などの技術や栄養士の専門的視点からの支援を必要としている保護者への対応が望まれます。食は健康な生活の基本になるため、保護者に向けた、乳児期からのバランスのとれた食事情報の提供、栄養指導なども栄養士の専門性を生かす場といえます。

point 5 体験的食育

野菜の栽培や、魚の観察、加工食品の作られ方など、食品が食卓に並ぶまでを知り、食材への親しみや調理する人への感謝の気持ちが芽生えるような体験的な活動の機会を持つようにします。自分たちの口に食事が入るまでに、多くの人の手がかかわっていることを学び、食べることの大切さに気づける環境も用意します。

point 6 アレルギーなど、個々への配慮

食物アレルギーの子に、医師の指示書や検査結果表などに基づき調理提供を行い、誤食・誤配がないように努めるのは基本です。また、極低出生体重児などでは、咀嚼・嚥下に課題を抱える子も多く、一人ひとりに応じた食事の提供（スムージー状、みじん切りなど）が必要になります。より安全な給食を提供するためにも、看護師がいる場合は相談し、個々に合った食事の提供を考えることも大切です。

「資質・能力」の育ちの一覧表（乳児から幼児期の終わりまで）

幼保連携型認定こども園養護【第1章第3-5（1）と（2）】		乳児期（三つの視点）【第2章第1ねらい及び内容】		5領域	満1歳～満3歳未満（5領域）【第2章第2ねらい及び内容】	満3歳以上（5領域）【第2章第3ねらい及び内容】	
生命の保持	・（生命の保持）園児一人一人が、快適にかつ健康で安全に過ごせるようにするとともに、その生理的欲求が十分に満たされ、健康増進が積極的に図られるようにする。	健やかに伸び伸びと育つ	身体的発達／健やかに伸び伸びと育つ[健康な心と体を育て、自ら健康で安全な生活をつくり出す力の基盤を培う。]ねらい（1）身体感覚が育ち、快適な環境に心地よさを感じる。（2）伸び伸びと体を動かし、はう、歩くなどの運動をしようとする。（3）食事、睡眠等の生活のリズムの感覚が芽生える。【健康】	健康	[健康な心と体を育て、自ら健康で安全な生活をつくり出す力を養う。]ねらい（1）明るく伸び伸びと生活し、自分から体を動かすことを楽しむ。（2）自分の体を十分に動かし、様々な動きをしようとする。（3）健康、安全な生活に必要な習慣に気付き、自分でしてみようとする気持ちが育つ。	[健康な心と体を育て、自ら健康で安全な生活をつくり出す力を養う。]ねらい（1）明るく伸び伸びと行動し、充実感を味わう。（2）自分の体を十分に動かし、進んで運動しようとする。（3）健康、安全な生活に必要な習慣や態度を身に付け、見通しをもって行動する。	
				人間関係	[他の人々と親しみ、支え合って生活するために、自立心を育て、人と関わる力を養う。]ねらい（1）幼保連携型認定こども園での生活を楽しみ、身近な人と関わる心地よさを感じる。（2）周囲の園児等への興味・関心が高まり、関わりをもとうとする。（3）幼保連携型認定こども園の生活の仕方に慣れ、きまりの大切さに気付く。	[他の人々と親しみ、支え合って生活するために、自立心を育て、人と関わる力を養う。]ねらい（1）幼保連携型認定こども園の生活を楽しみ、自分の力で行動することの充実感を味わう。（2）身近な人と親しみ、関わりを深め、工夫したり、協力したりして一緒に活動する楽しさを味わい、愛情や信頼感をもつ。（3）社会生活における望ましい習慣や態度を身に付ける。	
		身近な人と気持ちが通じ合う	社会的発達／身近な人と気持ちが通じ合う[受容的・応答的関わりの下で、何かを伝えようとする意欲や身近な大人との信頼関係を育て、人と関わる力の基盤を培う。]ねらい（1）安心できる関係の下で、身近な人と共に過ごす喜びを感じる。（2）体の動きや表情、発声等により、保育教諭等と気持ちを通わせようとする。（3）身近な人と親しみ、関わりを深め、愛情や信頼感が芽生える。【人間関係】【言葉】	環境	[周囲の様々な環境に好奇心や探究心をもって関わり、それらを生活に取り入れていこうとする力を養う。]ねらい（1）身近な環境に親しみ、触れ合う中で、様々なものに興味や関心をもつ。（2）様々なものに関わる中で、発見を楽しんだり、考えたりしようとする。（3）見る、聞く、触るなどの経験を通して、感覚の働きを豊かにする。	[周囲の様々な環境に好奇心や探究心をもって関わり、それらを生活に取り入れていこうとする力を養う。]ねらい（1）身近な環境に親しみ、自然と触れ合う中で様々な事象に興味や関心をもつ。（2）身近な環境に自分から関わり、発見を楽しんだり、考えたりし、それを生活に取り入れようとする。（3）身近な事象を見たり、考えたり、扱ったりする中で、物の性質や数量、文字などに対する感覚を豊かにする。	
情緒の安定	・（情緒の安定）園児一人一人が安定感をもって過ごし、自分の気持ちを安心して表すことができるようにするとともに、周囲から主体として受け止められ主体として育ち、自分を肯定する気持ちが育まれていくようにし、くつろいで共に過ごし、心身の疲れが癒やされるようにする。	身近なものと関わり感性が育つ	精神的発達／身近なものと関わり感性が育つ[身近な環境に興味や好奇心をもって関わり、感じたことや考えたことを表現する力の基盤を培う。]ねらい（1）身の回りのものに親しみ、様々なものに興味や関心をもつ。（2）見る、触れる、探索するなど、身近な環境に自分から関わろうとする。（3）身体の諸感覚による認識が豊かになり、表情や手足、体の動き等で表現する。【環境】【表現】	言葉	[経験したことや考えたことなどを自分なりの言葉で表現し、相手の話す言葉を聞こうとする意欲や態度を育て、言葉に対する感覚や言葉で表現する力を養う。]ねらい（1）言葉遊びや言葉で表現する楽しさを感じる。（2）人の言葉や話などを聞き、自分でも思ったことを伝えようとする。（3）絵本や物語等に親しむとともに、言葉のやり取りを通して身近な人と気持ちを通わせる。	[経験したことや考えたことなどを自分なりの言葉で表現し、相手の話す言葉を聞こうとする意欲や態度を育て、言葉に対する感覚や言葉で表現する力を養う。]ねらい（1）自分の気持ちを言葉で表現する楽しさを味わう。（2）人の言葉や話などをよく聞き、自分の経験したことや考えたことを話し、伝え合う喜びを味わう。（3）日常生活に必要な言葉が分かるようになるとともに、絵本や物語などに親しみ、言葉に対する感覚を豊かにし、保育教諭等や友達と心を通わせる。	
				表現	[感じたことや考えたことを自分なりに表現することを通して、豊かな感性や表現する力を養い、創造性を豊かにする。]ねらい（1）身体の諸感覚の経験を豊かにし、様々な感覚を味わう。（2）感じたことや考えたことなどを自分なりに表現しようとする。（3）生活や遊びの様々な体験を通して、イメージや感性が豊かになる。	[感じたことや考えたことを自分なりに表現することを通して、豊かな感性や表現する力を養い、創造性を豊かにする。]ねらい（1）いろいろなものの美しさなどに対する豊かな感性をもつ。（2）感じたことや考えたことを自分なりに表現して楽しむ。（3）生活の中でイメージを豊かにし、様々な表現を楽しむ。	

ねらいは教育及び保育において育みたい資質・能力を園児の生活する姿から捉えたもの／内容は、ねらいを達成するために指導する事項／各視点や領域は、この時期の発達の特徴を踏まえ、教育及び保育のねらい及び内容を乳幼児の発達の側面から、乳児は三つの視点として、幼児は五つの領域としてまとめ、示したもの／内容の取扱いは、園児の発達を踏まえた指導を行うに当たって留意すべき事項

	幼児期の終わりまでに育ってほしい姿　10項目【第1章第1-3（3）】		付属CD「46細目」参照	育みたい資質・能力【第1章第1-3（1）】		小学校以上の資質・能力
ア	健康な心と体【健康】	幼保連携型認定こども園における生活の中で、充実感をもって自分のやりたいことに向かって心と体を十分に働かせ、見通しを持って行動し、自ら健康で安全な生活をつくり出すようになる。	8項	個別の「知識及び技能の基礎」	豊かな体験を通じて、感じたり、気付いたり、分かったり、できるようになったりする「知識及び技能の基礎」	何を理解しているか、何ができるか（生きて働く「知識・技能」の習得）
イ	自立心【人間関係】	身近な環境に主体的に関わり様々な活動を楽しむ中で、しなければならないことを自覚し、自分の力で行うために考えたり、工夫したりしながら、諦めずにやり遂げることで達成感を味わい、自信をもって行動するようになる。	4項			
ウ	協同性【人間関係】	友達と関わる中で、互いの思いや考えなどを共有し、共通の目的の実現に向けて、考えたり、工夫したり、協力したりし、充実感をもってやり遂げるようになる。	4項			
エ	道徳性・規範意識の芽生え【人間関係】	友達と様々な体験を重ねる中で、してよいことや悪いことが分かり、自分の行動を振り返ったり、友達の気持ちに共感したりし、相手の立場に立って行動するようになる。また、きまりを守る必要性が分かり、自分の気持ちを調整し、友達と折り合いを付けながら、きまりをつくったり、守ったりするようになる。	5項	「思考力・判断力・表現力等の基礎」	気付いたことや、できるようになったことなどを使い、考えたり、試したり、工夫したり、表現したりする「思考力、判断力、表現力等の基礎」	理解していること・できることをどう使うか（未知の状況にも対応できる「思考力・判断力・表現力等」の育成）
オ	社会生活との関わり【人間関係】	家族を大切にしようとする気持ちをもつとともに、地域の身近な人と触れ合う中で、人との様々な関わり方に気付き、相手の気持ちを考えて関わり、自分が役に立つ喜びを感じ、地域に親しみをもつようになる。また、幼保連携型認定こども園内外の様々な環境に関わる中で、遊びや生活に必要な情報を取り入れ、情報に基づき判断したり、情報を伝え合ったり、活用したりするなど、情報を役立てながら活動するようになるとともに、公共の施設を大切に利用するなどして、社会とのつながりなどを意識するようになる。	6項	「学びに向かう力・人間性等」	心情、意欲、態度が育つ中で、よりよい生活を営もうとする「学びに向かう力、人間性等」	どのように社会・世界と関わり、よりよい人生を送るか（学びを人生や社会に生かそうとする「学びに向かう力・人間性等」の涵養）
カ	思考力の芽生え【環境】	身近な事象に積極的に関わる中で、物の性質や仕組みなどを感じ取ったり、気付いたり、考えたり、予想したり、工夫したりするなど、多様な関わりを楽しむようになる。また、友達の様々な考えに触れる中で、自分と異なる考えがあることに気付き、自ら判断したり、考え直したりするなど、新しい考えを生み出す喜びを味わいながら、自分の考えをよりよいものにするようになる。	6項			
キ	自然との関わり・生命尊重【環境】	自然に触れて感動する体験を通して、自然の変化などを感じ取り、好奇心や探究心をもって考え言葉などで表現しながら、身近な事象への関心が高まるとともに、自然への愛情や畏敬の念をもつようになる。また、身近な動植物に心を動かされる中で、生命の不思議さや尊さに気付き、身近な動植物への接し方を考え、命あるものとしていたわり、大切にする気持ちをもって関わるようになる。	4項	小学校との接続関係		※例1）小学校学習指導要領/第1章総則/第2教育課程の編成/4学校段階間等の接続（1）幼児期の終わりまでに育ってほしい姿を踏まえた指導を工夫することにより、幼稚園教育要領等に基づく幼児期の教育を通して育まれた資質・能力を踏まえて教育活動を実施し、児童が主体的に自己を発揮しながら学びに向かうことが可能となるようにすること。幼児期の教育及び中学年以降の教育との円滑な接続が図られるよう工夫すること。特に、小学校入学当初においては、幼児期において自発的な活動としての遊びを通して育てられてきたことが、各教科等における学習に円滑に接続されるよう、生活科を中心に、合科的・関連的な指導や弾力的な時間割の設定など、指導の工夫や指導計画の作成を行うこと。→スタートカリキュラムの位置付け
ク	数量や図形、標識や文字などへの関心・感覚【環境】	遊びや生活の中で、数量や図形、標識や文字などに親しむ体験を重ねたり、標識や文字の役割に気付いたり、自らの必要感に基づきこれらを活用し、興味や関心、感覚をもつようになる。	2項		※小学校教育との接続に当たっての留意事項　イ　幼保連携型認定こども園の教育及び保育において育まれた資質・能力を踏まえ、小学校教育が円滑に行われるよう、小学校の教師との意見交換や合同の研究の機会などを設け、「幼児期の終わりまでに育ってほしい姿」を共有するなど連携を図り、幼保連携型認定こども園における教育及び保育と小学校教育との円滑な接続を図るよう努めるものとする。	
ケ	言葉による伝え合い【言葉】	保育教諭等や友達と心を通わせる中で、絵本や物語などに親しみながら、豊かな言葉や表現を身に付け、経験したことや考えたことなどを言葉で伝えたり、相手の話を注意して聞いたりし、言葉による伝え合いを楽しむようになる。	4項			
コ	豊かな感性と表現【表現】	心を動かす出来事などに触れ感性を働かせる中で、様々な素材の特徴や表現の仕方などに気付き、感じたことや考えたことを自分で表現したり、友達同士で表現する過程を楽しんだりし、表現する喜びを味わい、意欲をもつようになる。	3項			

各視点や領域に示すねらいは、こども園における生活の全体を通じ、園児が様々な体験を積み重ねる中で相互に関連をもちながら次第に達成に向かうもの／内容は、園児が環境に関わって展開する具体的な活動を通して総合的に指導されるものであることに留意／「幼児期の終わりまでに育ってほしい姿」が、ねらい及び内容に基づく活動全体を通して資質・能力が育まれている園児のこども園修了時の具体的な姿であることを踏まえ、指導を行う際に考慮する

3 歳児とは

おおむね 3 歳の特徴

- ・基本的生活習慣がほぼ身につく。
- ・友だちを求め、いっしょにあそびたがる。
- ・ことばが通じるようになる。
- ・いろいろなしくみに興味を示し、質問が多くなる。
- ・多くの単語の組み合わせを用いて、自分の意思を表現できるようになる。
- ・小さな数と量の多少を認識できる。
- ・リズム感のある歌や遊戯を好む。
- ・現実と空想のバランスがとれてくる。
- ・運動機能の発達が盛んになる。
- ・保育者の働きかけなどにより、経験したことをごっこあそびとして行う。

おおむね 4 歳の特徴

- ・必要な生活習慣がわかるようになり、自分でできることは自分で行う。
- ・運動面の能力が発達して活発になり、敏捷性も身についてくる。
- ・身近な小動物や草花に興味を持ち、見たりふれたりして、かかわり方やあそび方を知る。
- ・友だちをじっくり見るようになり、自分と友だちの違いがわかる。
  自分がどう見られているかも意識するようになる。
- ・自己主張が強くなり、思うようにいかないと不安やつらさといった葛藤を経験する。
- ・友だちとのつながりが深まるなかでけんかも多くなるが、少しずつ気持ちを抑えたり我慢ができるようになる。
- ・簡単なルールや決まりがわかり、守ったり、自分から行動しようとする。
- ・保育者の手伝いをすることが楽しくなり、できたことに自信を持つ。
- ・数や量の大小、多少がわかり、比較ができる。
- ・想像力が出てきて、自分なりの目的を持って作ったり描いたりする。

3歳ごろは、基礎的な運動能力が育ち、基本的な生活習慣も身について自立が始まる年齢です。そのようにして自己が安定したなかで、人とかかわる基礎もできることから、学校教育法では満3歳が集団教育の始まりのときと設定されています。しかしまだ月齢差も大きく、養護面の支えを必要とする時期でもあります。一人ひとりの子どもに焦点を当てて見守ることも大切にしましょう。

新入園児と継続園児では、集団保育の経験に違いはありますが、このころの子どもたちは、動きがますます活発になり、あそびがダイナミックになってきます。けがに十分配慮しながら、子どもたちの活動欲求を満たしたいものです。友だちとのかかわりも多くなる反面、トラブルも多くなります。我慢と葛藤を経験するのもこの時期です。また、五感の発達により、豊かな感性が育まれます。保育者も、広い視野と感動する心を持ち、常に感性を磨いていきたいものです。

4歳になると、運動機能がさらに高まり、平衡感覚も保てるようになってくるので、複雑な運動もできるようになってきます。子どもたちも、体をたくさん使ったあそびを好むようになります。マット、跳び箱、平均台、鉄棒などを使うあそびや、おにごっこ、サッカー、ドッジボールなど、ルールのあるあそびを取り入れ、"体を動かしたい"という欲求を満足させられる活動の設定が必要になるでしょう。

とはいえ、身体的には未発達の部分もあるので、安全面には十分注意をし、けがのないような配慮も必要です。

また、思考力の発達に伴い、相手の話を理解し、質問したり答えたり伝言したりするなど、その場に応じた会話ができるようになります。さらに、絵本や紙芝居からイメージをふくらませたり同化したりして、想像力が豊かになります。友だちとのごっこあそびが盛んになり、あそびがどんどん広がる一方で、トラブルも増えてきます。しかし、このころの子どもたちは、様々な集団あそびのなかで、自分の思いを伝えて主張するだけでなく、友だちの思いに気づき、受け入れることも少しずつできるようになっています。あそびのなかで繰り返されるそのような経験は、子どもたちの社会性（優しさや思いやりの心）を育てていきます。トラブルも、子どもの育ちにおいてとても重要で意味があるのです。やみくもに止めに入らず、子どもたちどうしで解決できるよう見守ることも大切です。

そしてこの時期は、より五感が働くようになり、「豊かな感性」が育まれる大切な時期です。空、海、山、川、明るい太陽、輝く月や星、雨や雲、美しい四季の移り変わり……。積極的に多くの自然にかかわり、発見したり、驚いたり、感動したりすることでより感性が高まります。また、それをみんなで共有することも大切です。実際に見て、聴いて、ふれて、かいで、という五感を使ったあそびの十分な体験を通じて、豊かな感性を育てたいものです。

年間指導計画ポイント

年間指導計画は、一年間の子どもの生活や発達を見通して長期的な視点で作ります。子どもの人数、男女比、誕生月の構成、興味・関心のあり方などを踏まえて、子どもの実態を捉えて作成することが重要です。

① 保育目標
園の方針をもとに、一年間を通して子どもの成長と発達を見通した全体の目標を記載します。

② ねらい
「保育目標」をもとにⅠ〜Ⅳ期に分けて、子どもが身につけることを望まれる心情や態度などを記載します。

③ 養護
保育者が行うことが望まれる援助（養護）を「生命」「情緒」の2つの視点に分けて記載します。

④ 教育
「ねらい」を達成するために展開する保育を、「健康」「人間関係」「環境」「言葉」「表現」の5領域に分け、望まれる心情や態度を記載します。

20XX年度 ワンダー園　3歳児年間指導計画案

		Ⅰ期（4月〜6月）	Ⅱ期（7月〜9月）	Ⅲ期（10月〜12月）	Ⅳ期（1月〜3月）
保育目標		◯基本的生活習慣が身につき、楽しく生活する。 ◯会話や遊びを通して、人とかかわることを楽しむ。 ◯身近な自然に関心を持ち、全身を使った遊びを楽しむ。			
年間区分		Ⅰ期（4月〜6月）	Ⅱ期（7月〜9月）	Ⅲ期（10月〜12月）	Ⅳ期（1月〜3月）
ねらい		◯新しい環境に慣れ、安心して過ごす。 ◯保育教諭と一緒に基本的生活習慣を行い、生活のきまりを覚える。 ◯好きな遊びや玩具を見つけて楽しむ。	◯身近な自然に触れ夏ならではの遊びを十分に楽しむ。 ◯園生活のルールを知り、友達とのかかわりや活動を広げる。 ◯生活の仕方が分かり、自分でできることをしようとする。	◯行事に取り組む中で、友達とのかかわりや表現の楽しさを味わう。 ◯秋の自然に親しみ、触れた遊びに取り入れたりして楽しむ。 ◯自分の思いを言葉で伝えようとする。	◯生活習慣が身に付け直進に向けて期待と自信を持って生活する。 ◯友達とのかかわりが深まり、共同的な遊びを楽しむ。 ◯戸外で雪遊びを楽しみ、雪の不思議を感じる。
養護	生命	◯保育室の環境を整え、安全に過ごせるようにする。 ◯基本的な生活習慣が身につくように、一人一人の発達に合ったかかわり方をしていく。	◯楽しく遊び活動するための安全管理を行い、事故などを未然に防ぐようにする。 ◯水分補給、食事、休息を十分に行い、心身の安定を保ち健康的に過ごせるようにする。	◯気温の変化に応じて室温や湿度に留意し、換気などを行うことで快適に過ごせるようにする。 ◯季節の変わり目で体調を崩しやすい時期なので一人一人の体調の変化に留意する。	◯一人一人の体調を把握し、健康的に過ごせるようにする。 ◯感染症予防のため、手洗い、うがい、衣服の調節の大切さを知らせていく。
	情緒	◯一人一人の子どもの気持ちを受け止め、触れ合いながら安心して過ごせるようにする。 ◯身の回りのことを自分で行おうとする姿を見守りながら、できた喜びが感じられるよう声掛けをする。	◯一人一人の気持ちを受け止めながら自己を十分に表現できるようにする。 ◯保育教諭との信頼関係の下で安心して活動に取り組めるようにしていく。	◯子どもの思いを優しく受容し、自信を持って楽しく生活できるようにする。 ◯主体的な気持ちを大切にしながらも、集団で活動する楽しさを体験できるようにする。	◯自分でやってみようという気持ちを尊重し、できた時はたくさんほめて認め、心の安定を大切にする。 ◯進級に向け喜びと期待、不安もあるので一人一人の気持ちを受け止めながら進める。
教育	健康	◯戸外で体を動かして遊ぶ。 ◯好きな遊びをくり返し行って楽しさを味わう。 ◯歯みがきなど、基本的生活習慣が身に付く。	◯夏の生活の仕方を知り、健康的に過ごす。 ◯体を動かすことを喜び、運動遊びを楽しむ。 ◯水の感触を十分に味わい、プール活動を楽しむ。	◯手洗い、うがいが身につき病気の予防ができる。 ◯気温や活動に応じて衣服の調節を自分でしようとする。	◯基本的生活習慣が身に付き、生活を楽しむ。 ◯寒さに負けず、戸外で体を十分に動かして元気に遊ぶ。
	人間関係	◯保育教諭や友達と一緒に楽しく遊ぶ。 ◯友達がしていることに興味を持ち、同じ遊びをまねたりしながら一緒に遊ぶ。	◯気の合う友達とかかわる中で、少しずつ友達の気持ちを知る。 ◯集団生活の中でできまりや約束事を守ろうとする。	◯友達とけんかになりながらも、ルールを守り合うことにより、遊びが楽しくなることを知る。	◯トラブルが起きた時は、お互いに納得できる方法を一緒に考え付いていく。 ◯異年齢児とのかかわりを楽しむ。
	環境	◯春の自然に興味を持ち、自然の中で触れて楽しむ。 ◯雨の音に耳を傾けたり、雨の日や晴れの日の景色から様々な発見をしたりする。	◯水、砂、泥など自然の素材に触れて感触を楽しみながら遊ぶ。 ◯夏祭りの雰囲気を楽しむ。	◯秋の自然物を使って製作や遊びを楽しむ。 ◯身の回りの色、形、数などに興味を持つ。 ◯散歩を通し、冬の訪れを感じながら自然との違いを感じる。	◯冬の自然に触れ、興味や関心を持つ。 ◯季節の行事を楽しんで参加する。
	言葉	◯挨拶や返事など、生活の中で必要な言葉を言う。 ◯してほしいことや、体の異常を自分から伝えようとする。	◯自分の気持ちを言葉に表し、保育教諭や友達との言葉のやり取りを楽しむ。 ◯生活や遊びに必要な言葉を知り、場面に応じた言葉を選んで使おうとする。	◯生活の中で語彙が増え、言葉のやり取りを楽しむ。 ◯遊びの中で自分の気持ちを言葉で表現するとともに、相手の気持ちにも気付く。	◯生活の中で語彙が増え、言葉のやり取りを楽しむ。 ◯文字探しや言葉遊びを通して文字に興味を持つ。
	表現	◯保育教諭と一緒に手遊びをしたり、歌ったり踊ったりして表現遊びを楽しむ。 ◯はさみの使い方を知り、紙を切ったりして製作を楽しむ。	◯様々な素材に触れ、七夕製作や製作を楽しむ。 ◯音楽に合わせて歌ったり踊ったりして楽しむ。	◯劇遊びやごっこ遊びでは役になりきり演じる楽しさを味わう。 ◯身近な自然物や素材を使っての製作を楽しみ、友達の作品にも興味を持つ。	◯季節の歌を歌ったり、歌に合わせて手遊びを楽しんだり、全身で踊ったりして楽しむ。 ◯自分の思いを言葉で伝えたり、力を合わせて物を作ったりしながら、友達とのかかわりを深めていく。
食育		◯保育教諭や友達と楽しい雰囲気の中で食べる。 ◯食事の仕方を知る。	◯野菜の収穫を通し食物に関心を持つ。 ◯野菜や果物の種類や名前、旬があることを知る。	◯食material、献立の名前を知り、食物の働きに関心を持つ。 ◯食事の姿勢や箸の持ち方、食器の持ち方に気を付けて食べる。	◯食事のマナーを守り、友達と楽しく食べる。 ◯食物と健康に興味を持ち、苦手な物にも挑戦してみる。
健康・安全		◯内科健診、歯科検診を受け、健康の大切さを知る。 ◯交通安全教室に参加し安全な歩き方を学ぶ。	◯防災訓練に参加し、避難の仕方を知る。 ◯不審者対応訓練に参加し、保育教諭の指示に従うことを学ぶ。	◯内科健診、歯科検診を受け、病気にならないための簡単な習慣を身に付けていく。	◯消火訓練を通して、火事の怖さや、火の大切さ、火災の時の避難の仕方を知る。
気になる子への対応		◯発達の特性を把握し◯◯との連携をとる。	◯日々の保育の中で体験を重ね、自信へとつなげていく。	◯できたことを認め、枠にはめない気遣いを持って対応する。	◯想像力を尊重し、伸び伸びと過ごせるようにする。
環境設定		◯好きな遊びが見つかるよう玩具の種類を増やし、コーナーで区切れるような部屋づくりをする。	◯玄関や必要な場所に、感染予防のための消毒液を設置する。	◯気温差に注意し、施設内の換気の確認をするとともに、変化に気付くよう言葉掛けをしていく。	◯保育室の温度を保ち、換気を十分にする。
配慮事項		◯保育教諭も一緒に◯◯で気持ちを受け止め、楽しさを共有していく。	◯夏ならではの遊びに、興味や関心が持てるよう配慮する。	◯秋の自然の中で遊ぶことにより、五感の成長が促されるよう保育内容を配慮する。	◯進級の喜びが持てるよう、心身ともに成長したことを伝える保育にする。
保護者などへの支援		◯送迎時に園や家庭での様子を伝え合うことで保護者に安心感を持ってもらい信頼関係を築いていく。 ◯内科健診、歯科検診の結果を伝え健康に興味を持ってもらう。	◯夏の病気の症状や対応策を伝え健康に留意する事を伝える。	◯運動会、お遊戯会に至るまでの練習の様子を伝え成長している様子を共有する。	◯一年間の発達や成長の様子を伝え喜び合い、次年度へつなげていけるよう援助法などを伝えていく。
行事		◯入園進級式　◯歯科健診 ◯親子遠足　◯防災訓練	◯七夕祭り　◯誕生会　◯夏祭り ◯プール遊び	◯運動会　◯内科健診　◯歯科検診 ◯お遊戯会	◯雪上運動会　◯誕生会　◯豆まき ◯ひな祭り会　◯卒園式
保育教諭の自己評価		◯新しい環境の中で落ち着かずはしゃぐ子が多く、つい大きな声を出してしまったので、一人一人の気持ちを十分受け止め、心の安定を図りたい。	◯プール遊びは内容がマンネリ化してきているので、手作り玩具を用意するなど水の中で体を動かす遊びを工夫していきたい。	◯運動遊びを積極的に楽しんでもらおうと保育教諭の思いばかりが出ていた。子どもの気持ちやつぶやきを大切にし、対話しながら遊びを発展させていけるようにしたい。	◯基本的生活習慣を確認するための再現遊びを通して個々の発達過程が確認でき、一人一人へのかかわり方が見えたので、進級に向けて苦手なところを克服していけるよう援助の仕方を工夫したい。

⑤ 食育
具体的な活動内容や環境設定を記載します。

⑥ 健康・安全
子どもの健康保持のために行うこと、また、安全を確保するための環境設定や設備点検などについて、記載します。

⑦ 気になる子への対応
気になる子への共通理解を深めるため、必要な環境設定や援助などについて、記載します。

⑧ 環境設定
「ねらい」を達成するために、子どもが活動する際、どのような環境設定が必要か記載します。

⑨ 配慮事項
子どもの状況に応じて、配慮すべき事項を記載します。

⑩ 保護者などへの支援
園から家庭へ、子どもの様子について伝えるとともに、園と家庭とで連携して進めたい事柄について記載します。

⑪ 行事
入園式や運動会など園全体で行うもの、誕生会などクラス単位で行うもの、すべてを記載します。

⑫ 保育教諭の自己評価
指導計画をもとに行った保育や指導方法が適切であったかどうか、設定していた「ねらい」を達成できたか、また、改善点などを記載し保育の質の向上を図ります。

　※指導計画の作成は、『平成30年度施行　新要領・指針サポートブック』（世界文化社刊）もあわせてご参照ください。
　※本書の指導計画は幼保連携型認定こども園の一例です。

20XX年度 ワンダー園　3歳児年間指導計画案

園長　主任　担当

保育目標
- ○基本的生活習慣が身に付いた生活する。
- ○会話や遊びを通してことばとかかわる楽しむ。
- ○身近な自然に関心を持ち、戸外で体を使った遊びを楽しむ。

年間区分	I期（4月～6月）	II期（7月～9月）	III期（10月～12月）	IV期（1月～3月）
ねらい	○新しい環境に慣れ、安心して過ごす。 ○保育教諭と一緒に身の回りのことを行い、生活のさまざまを覚える。 ○好きな遊びを見つけ十分に楽しむ。	○身近な自然に触れて夏ならではの遊びを十分に楽しむ。 ○園生活のルールを知る友達とのかかわりや活動を広げる。 ○生活の仕方が分かり、自分でできることを楽しようとする。	○行事に取り組む中で、友達とのかかわりや表現の楽しさを味わう。 ○秋の自然に親しみ、触れて遊びに取り入れたりして楽しむ。 ○気温の変化に応じて室温や湿度に留意し、換気などをすることで快適に過ごせるようにする。	○生活習慣が身に付き進級に向けて期待と自信を持って生活する。 ○友達とのかかわりが深まり、共通の遊びを楽しむ。 ○戸外で雪遊びを楽しみ、冬の不思議を感じる。
養護　生命	○保育室の環境を整え、安全に過ごせるようにする。 ○基本的な生活習慣を身に付けられるように、一人一人の発達に合った関わりをしていく。	○楽しく遊び込む夏ならではの安全管理を行い、事故を未然に防ぐようにする。 ○水分補給、食事、休息を十分に行い、心身の安定を保ち健康的に過ごせるようにする。	○気温の変化に応じて室温や湿度に留意し、換気などをすることで快適に過ごせるようにする。 ○季節の変わり目で体調を崩しやすい時期なので、一人一人の体調の変化に留意する。	○一人一人の体調を把握し、健康的に過ごせるように、感染症予防のため、手洗い、うがい、衣服の調節の大切さを知らせていく。
養護　情緒	○一人一人の子どもの気持ちを受け止め、触れ合いながら安心して過ごせるようにする。 ○身の回りのことを自分で行おうとする姿を見守りながら、できた喜びが感じられるよう声を掛ける。	○一人一人の気持ちを受け止めながら自己を十分に表現できるようにする。 ○保育教諭との信頼関係の下で安心して活動に取り組めるようにする。	○子どもの思いを優しく受け止め、自信を持って生活を行えるようにする。 ○主体的な気持ちを大切にしながらも、集団で活動する楽しさを体験できるようにする。	○自分でやってみようという気持ちを尊重し、できた時にはたくさん褒めて認め、心の安定を大切にする。 ○進級に向けて期待・不安でもあるで一人一人の気持ちを受け止めながら過ごしていく。
教育　健康	○戸外で体を動かして遊ぶ。 ○好きな遊びをくり返し行う中で楽しさを味わう。 ○歯磨きをするなど、基本的生活習慣が身に付く。	○夏の生活の仕方を知り、健康的に過ごす。 ○体を動かすことを喜び、運動遊びを楽しむ。 ○保育教諭の下で水の感触を十分に味わい、プール活動を楽しむ。	○手洗い、うがいの仕方を知り、病気の予防ができる。 ○気温の変化に応じて衣服の調節を自分でしようとする。	○基本的生活習慣が身に付き、生活を楽しむ。 ○寒さに負けず、戸外で体を十分に動かして元気に遊ぶ。
教育　人間関係	○保育教諭や友達と一緒に楽しんで遊ぶ。 ○友達がしていることに興味を持ち、同じ遊びを楽しむ。 ○友達と一緒に遊ぶ。	○気の合う友達と一緒に過ごす、少しずつ友達の気持ちを受け止める。 ○集団生活の中での決まりや約束を守ろうとする。	○トラブルが起きた時は、お互いに納得できる方法を一緒に見つけていく。 ○異年齢児とのかかわりを楽しむ。	○友達とけんかになりながらも、ルールを守ることを守りながら遊ぶことが楽しくなることを知る。
教育　環境	○春の自然に興味を持ち、花や虫に触れて楽しむ。 ○雨の音に耳を傾けたり、雨の日や晴れの日の景色から様々な発見をしたりする。	○水、砂、泥など自然素材に触れて感触を楽しみながら遊ぶ。 ○夏祭りの雰囲気を味わう。	○秋の自然物を使って製作遊びを楽しむ。 ○身の回りの色、形、数などに興味を持つ。 ○散歩を通し、冬の訪れを感じ自然の違いを感じる。	○冬の自然に触れ、興味を持つ。 ○季節の行事に触れて楽しんで参加する。
教育　言葉	○挨拶や返事など、生活の中で必要な言葉を言う。 ○してほしいことや、体の異常など場面に応じて言葉を自分から伝えようとする。	○自分の気持ちを言葉で表し、保育教諭や友達との言葉のやり取りを楽しむ。 ○生活や遊びに必要な言葉を知り、場面に応じて言葉を使おうとする。	○お遊戯会を通して言葉の模倣遊びを楽しむ。 ○遊びの中で自分の言葉や文字を表現することとも、相手の気持ちにも気付く。	○生活の中で語彙が増え、言葉のやり取りを楽しむ。 ○文字探しや言葉遊びを通して文字に興味を持つ。
教育　表現	○保育教諭と一緒に手遊びをしたり、歌ったり踊ったりして表現遊びを楽しむ。 ○はさみやのりを使った製作をする。	○様々な素材に触れ、七夕飾りの製作をする。 ○音楽に合わせて歌ったり踊ったりして楽しむ。	○劇遊びやごっこ遊びではなりきってのきり演じる楽しさを味わう。 ○身近な自然物や素材を使っての製作に興味を持つ。	○季節の歌を歌ったり、歌に合わせて手遊びを楽しんだり、全身で踊ったりして楽しむ。 ○自分の思いや好きな言葉で伝えたり、力を合わせて物を作ったりしながら、友達とのかかわりを深めていく。
食育	○保育教諭や友達と楽しい雰囲気の中で食べる。 ○食事の仕方を知る。	○野菜の収穫を喜び食物に関心を持つ。 ○野菜や果物の種類や名前、旬があることを知る。	○食材、献立の名前を知り、食物の働きに関心を持つ。 ○食事の姿勢や箸の持ち方、食器の持ち方に気を付けて食べる。	○食事のマナーを守り、友達と楽しく食べる。 ○食物に興味を持ち、苦手な物にも挑戦してみる。
健康・安全	○内科健診・歯科健診に参加し、健康の大切さを知る。 ○交通安全教室に参加し、道路の歩き方を学ぶ。	○防災訓練に参加する、避難の仕方を知る。 ○不審者対応訓練に参加し、保育教諭の指示に従うことを学ぶ。	○内科健診、歯科健診に参加、歯磨きの仕方を身に付けていく。	○消火訓練を通して、火事の怖さや、火の大切さや、災害時の避難の仕方を知る。
気になる子への対応	○発達の特性を把握し、保護者との連携を図る。	○日々の保育の中で体験を重ね、自信を持てるよう対応していく。	○できたことをほめ、枠にはめない気遣いを持つように対応する。	○想像力を尊重し、伸び伸び過ごせるようにする。
環境設定	○好きな遊びが見つかるような玩具の種類を増やし、コーナーで区切れるような環境づくりをする。	○玄関や必要な場所に、感染症予防のための消毒液を設置する。	○気温差に注意し、施設内の換気の確認をすることにも気を付けるよう言葉掛けをしていく。	○保育室の温度を保ち、換気を十分にする。
配慮事項	○保育教諭も一緒に遊ぶことで気持ちを受け止め、楽しさを共有していく。	○夏ならではの遊びに、興味や関心が持てるよう配慮する。	○秋の自然の中で遊ぶことにより、五感の成長に配慮する。	○進級の喜びが持てるよう、心身ともに成長したことを伝え配慮をする。
保護者などへの支援	○送迎時に園や家庭での子どもの様子を伝え合うことで保護者に安心感を持ってもらい、信頼関係を築いていく。 ○内科健診、歯科健診の結果を健康に興味を持ってもらう。	○夏の病気の症状や対応策を伝え健康に留意することを伝える。	○運動会、お遊戯会に至るまでの練習の様子や成長している様子を共有する。	○一年間の発達や成長の様子を伝え合い、次年度へつなげていけるよう援助の方法などを伝えていく。
行事	○入園進級式　○内科健診　○歯科検診 ○親子遠足　○誕生会	○七夕祭り　○誕生会　○夏祭り ○防災訓練	○運動会　○内科健診　○歯科検診 ○誕生会　○お遊戯会	○雪上運動会　○誕生会　○豆まき ○お楽しみ会　○卒園式　○ひな遊戯会
保育教諭の自己評価	○新しい環境の中で落ち着かずしゃべってくる子が多く、いさな声を出してしまった。個々の気持ちを十分受け止め、心の安定を図りたい。	○プール遊び中は内容がマンネリ化してきているので、手作り玩具を用意するなど水の中で楽しめる遊びを工夫していきたい。	○運動遊びを積極的に楽しんでもらおうと保育論の思い出が出てしまった。子どもの気持ちに寄り添い、運動の発達過程を見ながら遊びを発展させていきたい。	○基本的生活習慣を確認して行ってもらうことで保育教諭の負担が減るための再現遊びを通し、一人一人のかかわりが見られるよう、進級に向けて苦手なところを克服していけるよう援助の仕方を工夫したい。

月間指導計画 ポイント

年間指導計画をもとに、より具体的に計画を作ります。子どもの様子や行事、生活の変化などを考慮し作成することが重要です。

① これまでの子どもの姿
前月までの子どもの発達状態や、園での様子を記載します。

② 月のねらい
「これまでの子どもの姿」をもとに、保育者の援助によって子どもが身につけることを望まれる心情や態度などについて記載します。

③ 行事
園またはクラスで行われる行事を記載します。

④ 保護者支援
保育者と家庭が子どもについて相互理解を深め、連携して発達を促すために、伝達すべき子どもの姿や必要な援助を記載します。

4月 月間指導計画案　20XX年度　3歳児　○○○ぐみ

これまでの子どもの姿		○進級することを喜ぶ一方で、登園時に泣いてぐずったりする子もいる。 ○朝の身仕度を自分でしようとするが、援助が必要な子がいる。 ○新しい担任や友達に期待もあるものの、不安な様子も見られる。 ○リズム遊びや歌、手遊びなどを喜ぶ。		**行事**	○入園進級式 ○交通安全教室 ○身体測定 ○音楽遊び	○歯科検診 ○内科検診 ○避難訓練 ○誕生会	**保護者支援**	○保護者と連携して子育てをしていくためにも、園の方針を保護者が理解できる。 ○送迎時に園での様子や家庭での過ごし方を伝え合い、保護者が安心できるようにする。 ○基本的生活習慣が身に付くよう伝えながら、協力してもらえるようにする。 ○保護者の思いを受け止めながら信頼関係を築いていく。
月のねらい		○新しい環境に慣れて、安心して過ごす。 ○生活の流れを知り、身の回りの始末を自分でやってみようとする。 ○春の自然に触れて遊ぶ。						

		ねらい	環境・構成	予想される子どもの活動	配慮事項
養護	生命	○安全で落ち着いて過ごせる環境を整える。 ○安心感を持って快適に過ごせるよう丁寧にかかわる。 ○午睡は、安心して入眠できるような環境をつくり、休息を促す。	○生活の仕方を少しずつ確認しながら、集団生活の過ごし方を知らせていく。 ○前担当者との引き継ぎや家庭との連携を図り、新しい環境に慣れるよう援助する。	○新しい部屋や担任にとまどいながらも進級したことを喜び、楽しみに登園し、環境に慣れる。 ○新しいことに挑戦し、やってみようとする気持ちが出てくる。	○健康観察を丁寧に行い、異常があれば適切に対応する。 ○生活の中で危険を感じたことは、その都度伝えていく。 ○保育教諭間で連携を図り、一人一人の体調や機嫌などを把握する。
	情緒	○一人一人の気持ちや思いを受け止め、共感する。 ○保育教諭との信頼関係を築きながら安心して過ごせるようにする。	○子どもが気持ちや思いを安心して出せるように、ゆったりした雰囲気をつくる。 ○保育教諭と十分かかわる遊びを多く取り入れ、人と遊ぶ楽しさを知らせる。	○新しい環境に慣れ、不安を少しずつ解消できるようになる。 ○担任が分かり、徐々に親しみを持ってかかわり、安心感を持つ。	○保育教諭に親しみを持ち、安心して過ごせるよう、一人一人子どもの気持ちを受け止め、丁寧にかかわる。 ○ゆとりある保育を心掛け、余裕を持ちながらかかわる。
教育	健康	○新しい生活の流れを知り、簡単な身の回りのことを保育教諭と一緒にしようとする。 ○戸外で体を動かして、遊ぶことを楽しむ。 ○内科健診、歯科検診では静かに順番を待って、診察を受ける。	○自分の物の置き場所が分かりやすいようにマークを貼るなど、環境を整えていく。 ○活動の時間配分を考慮し、遊びたい気持ちを十分満たしていく。	○ロッカーや、机などに貼ってある自分のマークを覚える。 ○保育教諭に援助してもらいながら、自分でできることはしようとする。	○生活の仕方を見守りながら、自分でしようとする気持ちを大切にし、できた時は十分にほめ、進めていく。 ○声を掛けるタイミングを見計らい、適切に援助する。
	人間関係	○保育教諭に様々な欲求を受け止めてもらうことにより、親しみや安心感を持って遊び、生活をする。 ○新しい友達や保育教諭の名前を覚え、親しみを持って呼び合う。	○玩具の種類を増やし、コーナーをつくることで好きな遊びを十分に楽しめるようにする。 ○仲間をつくることを楽しむゲーム、歌遊びを取り入れる。	○好きな遊びを見つけて保育教諭や友達と遊ぶ。 ○ゲームや遊びの中でスムーズに友達とかかわる。 ○思いが強くなり、物の取り合いなどで、トラブルも見られる。	○好きな遊びが見つけられるように個々に対応し、保育教諭が一緒に遊んだり、誘ったりする。 ○遊びに入れない子どもは、保育教諭が遊びに誘い、友達とのかかわりを仲立ちしながら楽しさを共有できるようにする。
	環境	○春の自然に興味や関心を持ち、親しむ。 ○朝の身仕度の仕方を知り、一人でしようとする。 ○絵本や紙芝居を通して季節の行事を知り、こいのぼりやぶどうなどに興味を持つ。	○春の自然に触れ、草花をつんだり、虫などを探したりできるような場所で手に取って見ていく。 ○朝の身仕度をする工程を、見て分かるように工夫する。 ○こいのぼりや五月人形を飾り興味が持てるようにしていく。	○戸外での活動の中で春の自然を感じながら、体をたくさん動かして遊ぶ。 ○朝の身仕度を、時間をかけても一人でしようとする。 ○こいのぼりや五月人形を飾り、興味を持って見ようとする。	○春の自然に負けないような声掛けを行い、子どもの気付きや感じたことに共感する。 ○朝の身仕度の仕方を、保育教諭が一緒にしながら、一つ一つ丁寧に知らせていく。 ○こどもの日を通して、子の成長を願う大人の心を知らせる。
	言葉	○挨拶や返事など、生活で必要な言葉を使う。 ○絵本や紙芝居を見たり話を聞いたりする。	○自分の気持ちを素直に言葉で表せる雰囲気づくりをする。 ○当番表を分かりやすい場所に掲示し、子どもが確認しやすいようにする。	○日常生活に必要な挨拶や返事をする。 ○自分の思いを少しずつ言葉で表現しようとする。	○挨拶の大切さを伝え、保育教諭が手本となるような言葉遣いに留意する。 ○子どもの伝えたいことに、じっくりと耳を傾ける。
	表現	○保育教諭と一緒に歌ったり手遊びをしたりする楽しさを味わう。 ○はさみやのりの使い方を知り、製作を楽しむ。 ○気付いたことや感じたことを言葉で伝えようとする。	○季節感のある絵本や紙芝居、歌を用意する。 ○製作に必要な材料をそろえ、スムーズに製作活動を進められるように準備しておく。	○保育教諭や友達と一緒に歌ったり、手遊びをしたりする。 ○保育教諭がつくる様子を見ながら、自由にかいたりつくったりする。	○子どもの様子を見ながら、要求に応じてくり返し絵本や紙芝居を読むなど工夫する。 ○製作は子どもに分かりやすい言葉で丁寧に説明し、時に手助けしながら作る意欲を高めていく。
食育		○弁当、給食に慣れ、楽しい雰囲気の中で食べる。 ○食事の準備、片づけを一人でしようとする。	○一緒に食事をする中で、食べることの喜びや給食の準備の仕方、食器の持ち方などを伝える。 ○食事の準備や片づけをしやすいように、机を配置する。 ○除去食の管理をしっかり行う。	○会話をしながら、楽しく食事をする。 ○給食の準備を援助してもらいながら、自分でしようとする。 ○ハンカチ包みを行い、自分で弁当を片づけようとする。	○無理せず食べられるように、個々の食べる量を配慮する。 ○準備、片づけの仕方を一人一人援助しながら、丁寧に知らせていく。 ○保育教諭が一緒に食事をしながら、マナーも知らせる。
健康・安全		○環境の変化で体調を崩しやすいので、一人一人の健康状態を十分把握し適切に対応する。 ○交通安全教室を通して、身の回りの安全に関心を持つ。	○清潔で明るい環境づくりを心掛ける。 ○健康観察記録を保護者とともに行いながら、毎日の一人の体調を把握していく。 ○遊具の安全な使い方を知る。	○少しずつ環境の変化に慣れていく。 ○遊具や遊び道具の安全な遊び方を身に付けていく。 ○遊具の安全な使い方を知る。	○健康観察を丁寧に行い、異常があれば適切に対応する。 ○遊具、用具についての約束ごとや、くり返し伝えていく。 ○固定遊具で遊ぶのは危険なこともあるので、順番に並ぶなどのルールや危険性を知らせる。
気になる子への対応		Aくん…生活の中で自分の気持ちや欲求をおさえきれない時は、静かでゆったりとした雰囲気をつくり、優しく声を…守りながら気に入った遊びが見つけられるようにする。 Bさん…身の回りの始末が一人でできないことが多いので、丁寧に援助をしながら、できたことをほめ、意欲が持て…していく。			
保育教諭の自己評価		○新しい環境に慣れず、気持ちが不安定になったり、落ち着かずに室内を走り回ったりする子への対応が適切でなかった場面があった。子どもたちの行動を予測し、準備…を適切にできるよう工夫していきたい。朝の準備など、時間をかけて、一人一人の様子を見ながら、その子に…掛けや援助をし、ゆっくりルールを知らせていこうと思う。		**子どもの評価**	○環境が変わり、うれしさのあまり、気持ちが高ぶる姿が見られた。朝の準備に時間がかかるが、少し援助したり、言葉掛けをすることにより自分で…する意欲が見られた。困っている友達へ、声を掛けたり、手伝ったりしようとする優しい気持ちを…する子どもも見られた。

※⑤～⑧に関しては、各項目をさらに「ねらい」「環境・構成」「予想される子どもの活動」「配慮事項」の4つの項目に分けて記載します。

⑤ 養護
保育者が行うことが望まれる援助(養護)を「生命」「情緒」の2つの視点に分けて記載します。

⑥ 教育
「月のねらい」を達成するために展開する保育について、「健康」「人間関係」「環境」「言葉」「表現」の5領域に分け、望まれる心情や態度を記載します。

⑦ 食育
具体的な活動内容や環境設定を記載します。

⑧ 健康・安全
子どもの健康保持のために行うこと、また、安全を確保するための環境設定や設備点検などについて記載します。

⑨ 気になる子への対応
気になる子への共通理解を深めるため、必要な環境設定や援助などについて記載します。

⑩ 保育教諭の自己評価
指導計画をもとに行った保育や指導方法が、適切であったかどうか、設定していた「月のねらい」を達成できたか、また、改善点などを記載し保育の質の向上を図ります。

⑪ 子どもの評価
指導計画をもとに行った保育で、子どもにどのような発達があったかを記載します。

※指導計画の作成は、『平成30年度施行　新要領・指針サポートブック』(世界文化社刊)もあわせてご参照ください。
※本書の指導計画は幼保連携型認定こども園の一例です。

4月 月間指導計画案

20XX年度 3歳児 ○○○ぐみ

行事	
○入園進級式	○歯科検診
○交通安全教室	○内科検診
○身体測定	○避難訓練
○音楽遊び	○誕生会

園長　主任　担当

これまでの子どもの姿
- ○進級することを喜ぶ一方で、登園時に泣いたり甘えたりする子もいる。
- ○朝の身仕度を自分でしようとするが、援助を必要とする子が多い。
- ○新しい担任や友達に期待する子もあるものの、不安な様子も見られる。
- ○リズム遊びや歌、手遊びなどを喜ぶ。

月のねらい
- ○新しい環境に慣れて、安心して過ごす。
- ○生活の流れを知り、身の回りの始末を自分でやってみようとする。
- ○春の自然に触れて遊ぶ。

		ねらい	環境・構成	予想される子どもの活動	配慮事項	保護者支援
養護	生命	○安全で落ち着いて過ごせる環境を整える。○安心感を持って快適に過ごせるように丁寧に関わる。○午睡や食事、排泄などで安心できるような環境をつくり、休息を促す。	○生活の仕方を少しずつ確認しながら、集団生活の過ごし方を知らせていく。○前担当者との引き継ぎや家庭との連携を図り、新しい環境に慣れるよう援助する。	○新しい部屋や担任にとまどいながらも進級したことを喜び、楽しみに登園する。○新しいことに挑戦し、やってみようとする気持ちが出てくる。	○健康観察を丁寧に行い、異常があれば適切に対応する。○生活の中で危険を感じ取ったことは、その都度伝えていく。○送迎時に園での様子を伝え、一人一人の体調や機嫌などを把握する。	○保護者と連携して子育てをしていくためにも、園の方針を保護者に伝える。○送迎時に園での家庭での様子を伝え合い、保護者が安心できるようにする。○基本的な生活習慣が身に付くようにする。○保護者の思いを受け止めながら信頼関係を築いていく。
	情緒	○一人一人の子どもの気持ちを受け止め、共感する。○保育教諭との信頼関係を築きながら安心して過ごせるようにする。○気持ちや思いをやや身に付けて伝える。	○子どもが気持ちや思いを安心して出せるように、ゆったりとした雰囲気で過ごす。○保育教諭は一人一人がかかわる遊びを多く取り入れ、人と遊ぶ楽しさを知らせる。	○新しい環境に慣れ、不安を少しずつ解消できるようになる。○担任が分かり、徐々に親しみを持ってかかわり、安心感を持つ。	○保育教諭に親しみを持ち、安心して楽しく過ごせるよう、一人一人の気持ちを受け止め、丁寧に応じる。○ゆとりある保育を心掛け、余裕を持ちながらかかわる。	
教育	健康	○新しい生活の流れを知り、簡単な身の回りのことを一緒にしようとする。○戸外で体を動かして遊ぶことを楽しむ。○内科健診、歯科健診では静かに順番を待ち、診察を受ける。	○自分の物の置き場所が分かりやすいようにマークを貼るなど環境を整えておく。○活動の時間配分を考慮し、遊びたい気持ちを十分満たしていく。	○ロッカー、机などに貼ってある自分のマークを覚える。○保育教諭に援助してもらいながら、自分でできることは自分でしようとする。	○生活の仕方を見守りながら、自分でしようとする気持ちを大切にし、できた時は十分にほめ、進めていく。○声を掛けるタイミングを見計らい、適切に援助する。	
	人間関係	○新しい友達に興味や関心を持ち、一緒に遊ぼうとする。○親しみや安心感を持って遊び、生活をする。○新しい友達や保育教諭の名前を覚え、親しみを持って呼び合う。	○玩具の種類を増やし、コーナーをつくることでとても好きな遊びを友達と遊ぶ。○仲間をつくることを楽しめるよう、ゲーム遊びなどを取り入れる。	○好きな遊びを見つけて保育教諭や友達と遊ぶ。○ゲームや遊びの中でスムーズに友達にかかわり、トラブルも見られる。○思いが強くなり、物の取り合いなどで互いに譲れないことがある。	○好きな遊びが見つけられるように個々に対応し、保育教諭が一緒に遊んだり、誘ったりする。○遊びに入れない子どもは、保育教諭が遊びに誘い、友達とのかかわりを仲立ちしながら楽しさを共有できるようにする。	
	環境	○春の自然に触れ、親しむ。○朝の身仕度の仕方を知り、一人でしようとする。○絵本や紙芝居を通して季節の行事を知り、興味を持つ。	○春の自然に触れ、草花や虫などを探しに行くように工夫する。○朝の身仕度する工程を、見てわかるようにする。○こいのぼりや五月人形を飾るなどして興味を持てるようにする。	○戸外での活動の中で春の自然を感じながら、体をたくさん動かして遊ぶ。○朝の身仕度を、時間をかけて一人でしようとする。○友達と園こいのぼりの飾りを見上げる。	○春の自然に気付けるような声掛けを行い、子どもの気付きに共感する。○朝の身仕度の仕方を丁寧に知らせていく。○こどもの成長を願う大人の心を知らせる。	
	言葉	○挨拶や返事など、生活や遊びに必要な言葉を使う。○絵本や紙芝居を見たり話を聞いたりする。	○自分の気持ちを素直に言葉で表せる雰囲気づくりをする。○当番表を分かりやすい場所に掲示し、子どもが確認しやすいようにする。	○日常生活に必要な挨拶や返事をする。○自分の思いを自分で言葉で表現しようとする。	○挨拶の大切さを伝え、保育教諭が手本になるような言葉遣いに配慮する。○子どもの伝えたいことに、じっくりと耳を傾ける。	
	表現	○保育教諭など一緒に歌ったり手遊びをしたりする曲を楽しさを味わう。○はさみやのりの使い方を知り、製作を楽しむ。○気付いたことややりたい気持ちを言葉で伝えようとする。	○保育教諭と一緒に歌ったり、手遊びをしたりする。○製作に必要な材料をそろえ、スムーズに製作活動を進められるように準備しておく。	○保育教諭や友達と一緒に歌ったり、手遊びをしたりする。○保育教諭がつくる様子を見ながら、自由にかいたりつくったりする。	○子どもの様子を見ながら、要求に応じてくり返し絵本や紙芝居を読むなどして支える。○製作時は子どもにわかりやすい言葉で丁寧に説明し、時に手助けしながら子どもが意欲を高めていく。	
食育		○弁当、給食に慣れ、楽しい雰囲気の中で食べる。○食事の準備、片付けを一人でしようとする。	○一緒に食事をする中で、食べることの喜びややる気の準備の仕方、箸の持ち方などを伝える。○製作に必要な材料をともに用意し、机を配置する。○除去食の管理を行う。	○会話をしながら、楽しく食事をする。○給食の準備を援助してもらいながら、自分でしようとする。○ハンカチで包みを行い、自分で弁当箱を片づけようとする。	○無理せず食べられるように、個々の食べる量を配慮する。○準備、片付けの仕方を一人一人確認しながら、丁寧に知らせる。○保育教諭と一緒に食事をしながら、マナーも知らせる。	
健康・安全		○環境の変化で体調を崩しやすいので、一人一人の健康状態を十分把握して対応する。○交通安全教室を通して、身の回りの安全に関心を持つ。	○清潔で明るい環境づくりを心掛ける。○健康観察記録を保護者とともに行いながら、毎日の一人一人の体調を把握する。○安全な遊具の遊び方のルールを知らせる。	○少しずつ環境の変化に慣れていく。○新しい遊具での安全な遊び方を身に付けていく。○固定遊具で遊ぶ時は危険なこともあるので、順番に並ぶなどのルールを守りながら遊ぶ。	○健康観察を丁寧に行い、異常があれば適切に対応する。○遊具、用具の安全について、くり返し伝えていく。○固定遊具で遊ぶ時は危険なこともあるので、順番に並ぶなどのルールや安全性を知らせる。	

気になる子への対応
Aくん…生活の中で自分の気持ちや欲求をおさえきれない時は、静かでゆったりとした雰囲気をつくり、優しく声を掛け、見守りながら気持ちが落ち着いた遊びに入るようにする。
Bちゃん…身の回りの始末が一人でできないことが多いので、援助をしながら、その子の様子を見ながら、その子に合った声を掛けながら援助をし、ゆっくりできたことをほめる優しい気持ちが持てるとよいと思う。

保育教諭の自己評価
○新しい環境に慣れず、気持ちが不安定になる子も多かった。落ち着かずに室内を走り回っている子への対応が適切でなかった。朝の準備に時間がかかるが、少し時間をかけて一人一人の様子を見ながら、その子に合った声を掛けながら援助をし、ゆっくりできたことをほめる優しい気持ちが持てるとよいと思う。

子どもの評価
○環境が変わり、うれしさの高ぶる姿が見られた。朝の準備に時間がかかっている子が多く見られた。言葉掛けでしようとする意欲が見られ、困っている友達に声を掛け、手伝ったりしようとする優しい気持ちが育っている子どもも見られた。

5月 月間指導計画案

20XX年度　3歳児　○○○ぐみ

	園長	主任	担当

行事
- ○かぶと行列
- ○身体測定
- ○交通安全指導
- ○避難訓練
- ○誕生会

これまでの子どもの姿
- ○園生活の流れを覚え、身の回りのことを自分でしようとする子もいる。声掛けの必要な子もいる。
- ○挨拶など生活に必要な言葉を使っているが、自分の気持ちをうまく言葉にできない子もいる。

月のねらい
- ○生活の仕方が分かり、簡単な身の回りのことを自分で行おうとする。
- ○室内や戸外で保育教諭や友達と体を動かして遊ぶ。
- ○自分の好きな遊びを見つけて楽しむ。

		ねらい	環境・構成	予想される子どもの活動	配慮事項
養護	生命	○一人一人の生活リズムを把握し、快適に過ごせるようにする。○汗をふいたり、汚れた衣服を着替えたりして、気持ちよく過ごせるようにする。	○家庭的な雰囲気を心掛け、落ち着ける居心地のよい場所をつくる。○自分で着替えができるように、予備の衣服を出し入れしやすくしておく。	○生活に必要な約束を守りながら過ごす。○休み明けは、ゆっくり無理なく過ごす。	○子どもの変化に気付き、適切に対応する。○一人一人の体調を把握し、無理のない活動内容にする。
	情緒	○連休明けの不安な気持ちを受け止めながら、安心して過ごせるようにする。	○一人一人の子どもの気持ちを理解しながら、優しくかかわっていくようにする。	○自分の思いや気持ちを保育教諭や友達に伝え、かかわって遊ぶ。	○安心して過ごせるように、一人一人の気持ちを十分に受け止めていく。
教育	健康	○保育教諭や友達と一緒に楽しく食事をする。○身の回りの簡単なことを、保育教諭と一緒にしようとする。○トイレの使い方や後始末の仕方が分かり、見守られながら自分でしようとする。	○楽しい雰囲気の中で落ち着いて食べられるようにする。○持ち物を出し入れしやすいように整える。○遊具の安全点検や砂場の衛生管理を定期的に行う。	○保育教諭や友達と一緒に食事をする。○保育教諭に見守られ、安心して過ごす(休息、午睡をする)。○身の回りのことを自分でする(持ち物の始末・排泄・手洗い)。	○一人一人の食事の量や好き嫌いを把握し、量を加減するなど、無理なく食事ができるようにする。○危険のないように安全な遊び方を知らせていく。
	人間関係	○保育教諭や友達と好きな遊びを楽しむ。○行事を通して異年齢児との触れ合いを楽しむ。	○好きな遊びを楽しめるように、遊具や用具を準備し、十分な時間を確保する。○保育教諭や友達との交流を深めていく。	○保育教諭と好きな遊びをする。○こどもの日の由来に関心を持ったり、異年齢児との交流を楽しむ。	○好きな遊びを見つけて、遊べるように誘い掛けたり、一人一人を温かく見守ったり、自分から遊び出せるようにしていく。
	環境	○草花や虫など、身近な自然に触れて遊ぶ。○野菜の苗を植え、生長を楽しみにする。	○散歩や園外保育を通して、自然に触れる機会を多く持つ。○苗を植える準備をし、野菜や花に関する絵本などを用意する。	○草花で遊んだり、小動物や虫に触れて遊ぶ(オタマジャクシ・ダンゴムシ)。○自分たちで植えた野菜を、大切に育てようとする。	○草花や虫を採ったり見つけたりといった体験をする中で、自然物を身近に感じられるような声掛けをしていく。○種や苗から自分たちで育てる経験をする。
	言葉	○挨拶や返事をしたり、思ったことを動作や言葉で伝えようとする。○春の草花や昆虫の名前を覚える。○困ったことややりたいことを言葉で伝えようとする。	○子どもが話しやすいようなゆったりとした雰囲気づくりを心掛ける。○子どもたちの好きな絵本などを、いつも見られるところに用意する。	○挨拶や返事をしたり、思ったことを伝えようとする。○好きな絵本を自分で選んで読んでもらったりする。	○話したいという気持ちを大切にし、うまく話せない子どもにはその気持ちをくみ取り、表現の仕方を知らせていく。
	表現	○指先を使った遊び(粘土・折り紙)を楽しみ、丸めたり折ったりのイメージした物をつくる。○手遊びをしたり、歌を歌ったり、曲に合わせて体を動かしたりして楽しむ。	○自由につくることができるように、必要な道具を用意しておく。○子どもの好きな手遊び歌などを通して遊ぶ。	○イメージした物をつくって、友達と見せ合う。○手遊びをしたり、歌を歌ったり、曲に合わせて踊ったりする。	○一人一人が楽しくつくれるように、援助や声掛けをし、楽しさを味わえるようにする。○保育教諭も一緒に子どもと歌ったり踊ったりして、楽しさを共有する。
食育		○食事の仕方を知る。○様々な食材に興味を持つ。	○言葉掛けを多くし、楽しい雰囲気の中で、食べられるようにする。	○友達と楽しみながら食事をする。○食べ物に興味を持ち、何でも食べてみようとする。	○一人一人の様子を見ながら、食事のマナーを伝え、じょうずにできた時には褒め、意欲的に食べるような声掛けをしていく。
健康・安全		○交通安全指導、避難訓練のルールを知る。○固定遊具の安全な使い方や遊ぶ時のルールを知らせ、けがや事故を防ぐ。	○交通安全や避難訓練の練習に参加し、合図や約束を覚える。○紙芝居やビデオを準備しておく。○警察官の方に来園してもらい、話やDVDなどを通して交通ルールを知らせていく。	○保育教諭の話を子どもに興味を持ち、落ち着いて話を聞く。○避難訓練の方の話を静かに聞く。○固定遊具で元気に遊ぶ。	○交通ルールの話を子どもに興味を持ち、落ち着いて話を聞く。○遊びの中でも身に付くように、くり返し知らせていく。

保護者支援
- ○園や家庭での様子を伝え合いながら、信頼関係を築いていく。
- ○連休などで疲れが出やすい時期のため、子どもの健康状態を伝え合う。
- ○内科健診などの結果を知らせ、異常がある際は受診をお願いし、成長を見守ってもらう。
- ○戸外遊びが盛んになるので、着替えを多めに準備してもらう。

気になる子への対応

Rくん…部屋の中に落ち着いていられず、隣の部屋へ行こうとするが、静かな場所で落ち着いた後、興味を示した遊びに誘っていく。

子どもの評価
- ○まだ自分の思いをうまく伝えられず、トラブルになってしまうことがあるが、すぐに解決し、遊ぶようになってきた。
- ○身の回りのことも自分でできることも増えてきた。
- ○天気のよい日は散歩に出かけ、春の自然に触れて遊ぶことができた。

保育教諭の自己評価
- ○身の回りのことを自分で行おうとする姿があるが、まだ手助けが必要な子に対しては、声掛けをしながら自分でできるようにしていくことも多くなっているので、くり返し声掛けをしていくとよいのではないか。
- ○固定遊具、避難訓練時などは落ち着いて遊ぶ時のルールを多く取り入れ、イメージした物をつくったりする遊びへ誘うとよかった。

6月　月間指導計画案

20XX年度　3歳児　○○○ぐみ

園長	主任	担当

行事
- □スイミング
- ○避難訓練
- ○誕生会
- ○親子遠足
- ○歯科検診

保護者支援
- ○感染症の多い時期なので、子どもの様子や健康状態を伝え合い、家庭と園でこまめに連絡をとりあって適切に対応できるようにしていく。
- ○虫歯予防デーに関連し、歯みがきの習慣付けや虫歯予防について働きかける。

これまでの子どもの姿
- ○友達とかかわって遊ぶことが多くなってきたものの、一人一人の自己主張が強くなり、トラブルになってしまうこともある。
- ○当番活動を喜び、積極的に行おうとする。

月のねらい
- ○身の回りを清潔にし、健康に気を付けて過ごす。
- ○梅雨期の自然を示し戸外や雨の日ならではの発見をする。
- ○友達とかかわって遊びへ楽しさを体験する。

		ねらい	環境・構成	予想される子どもの活動	配慮事項
養護	生命	○一人一人の健康状態を把握し、活動前後には十分に休息をとる。○室内を清潔や湿度に気を配る。	○室内の換気を行い、室内温度や湿度を調節して快適に過ごせるようにする。○ゆったりと休める場所を設け、静と動の活動がバランスよく行えるようにする。	○食欲にむらがあり、食の進まない時もあるが、量を調節してもらい完食しようとする。○汗をかいた時は戸外遊びなどで衣服が汚れた際には、保育教諭の援助を受けながら自分で着替える。	○一人一人の体調を把握し、無理のない活動内容にする。○睡眠や清潔の大切さを伝え、生活リズムを整えて生活できるようにする。○清潔に過ごすことの気持ちよさを伝えていく。
	情緒	○身の回りのことを自分で行おうとする姿を見守りながら、できた喜びを感じられるように声を掛けをしていく。	○簡単なお手伝いや当番活動の内容を分かりやすく伝え、褒めていく。○絵カードを用意する。	○声を掛けてもらいながら、一人で自分の持ち物をロッカーに片付けようとする。○衣服を脱ぐ際、一人でできないと自分から手助けを求める。○手伝ってもらいながら、洋服の表裏を返したり、たたんだりする。	○自分でしようとする気持ちを大切にしながら、必要に応じて援助し、できたという満足感を得られるようにする。○できた喜びが次へつながるように、ほめたり、励ましたりの言葉を掛けたりしながら、自信が持てるようにしていく。
教育	健康	○歯みがきや虫歯についての紙芝居や絵本を見て、関心を持つ。○汗をかいたら、戸外遊びなどで衣服が汚れた際は、保育教諭の援助を受けながら、自分で着替える。	○紙芝居や歯ブラシなどを使い、正しい歯みがきの仕方が分かるように伝える。○個人の着替えを常備しておく。	○正しい歯みがきの仕方が身に付き、昼食後の歯みがきが習慣になる。○「痛い」「汗をかいた」など、保育教諭に伝え、衣服の調節をしたり、服を着替える。	○活動後の手洗い、うがい、食後の歯みがきをするように伝え、習慣に行えるようにしていく。○歯みがきの正しい行い方を、子どもの様子を見ながら知らせていく。○一人一人に合わせて衣服の調節の援助をしながら、自分でできるように促す。
	人間関係	○友達がしていることに興味を持ち、同じ遊びをまねたり同じものを一緒に遊ぶ。○友達や異年齢児とかかわりながらルールのある遊びを楽しむ。	○簡単なルールで理解しやすい遊びを用意し、異年齢児と触れ合える機会を設ける。○遊具は多めに準備し、遊びを十分に楽しめるようにする。	○友達が遊んでいるのを見て、仲間に入ろうとする。○他のクラスの友達と一緒にゲーム遊びをする。互いに応援し合い、励まされたりほめたりする。	○遊びにも約束事やルールがあることを伝えながら、自分の思いだけではなく友達の思いも聞けるように、保育教諭が仲立ちをしていく。○勝敗のあるゲームでは、うれしさや、悔しさに共感し、次の意欲が持てるように働き掛けていく。
	環境	○梅雨期の戸外の様子や雨の生長や変化に興味や関心を持つ。○雨の音を聞いたり、周りの景色を見たりしてな発見をする。	○傘やてるてる坊主を飾るなどして梅雨期の雰囲気を味わう。○小動物が飼っている生き物に興味についてもらうことができるように図鑑を準備しておく。	○園庭に水たまりができたことに気付く。○雨上がりに葉っぱにたまった水を触ったり、水たまりに入ったりして遊ぶ。○カタツムリを見つけ、友達や保育教諭に見せ、動きを観察したりする。	○子どもの様々な疑問や考えを発言できるような言葉掛けをしていく。○子どもの思いに共感しながら、疑問に思ったことに関して、一緒に調べたり、試したりする。
	言葉	○「貸して」「仲間に入れて」「一緒に遊ぼう」などの言葉を知り、友達とかかわり合って取りやりとりする様子を見守る。	○子どもの声に耳を傾け、話しやすい雰囲気をつくる。○子どもたちが理解しやすい内容の絵本や紙芝居を用意しておく。	○手伝ってほしい時や、友達とけんかになった時など、保育教諭に言葉で伝えることができる。○物語を楽しみながら、自分が感じたことを発言し、相手に伝えようとする。	○子どもの気持ちを受け止めながら、会話がはずむように心掛けていく。○自分の思いが伝えられるように気持ちが表現できるようにする。
	表現	○はさみの持ち方や扱い方を知り、紙を切ったり、のりの量に気を付けながら製作をする。	○製作は簡単なつくりで楽しめるような題材を選ぶ。○はさみやのりの出し入れがスムーズにできるように工夫する。	○はさみを思うように使えず、持ち方がぎこちないもの、保育教諭に手を添えてもらいながら紙を切ることを楽しむ。○のりの量に気を付けながら、製作することを楽しむ。○願い事が書けるようにたなばたの色飾りの製作をする。	○保育教諭の手元を添えながら、はさみの持ち方、動かし方を伝える。○「チョキチョキ」など切る時の声掛けをしながら行う。○危険な行為を知らせ、安全に気を付けて使えるようにする。
	食育	○育てている野菜の生長や変化や関心を持つ。○食べ物に興味を持ち、何でも味わってみようとする。	○食べ物は体にとって、どんなよい働きをするのか、分かりやすく伝えられるように、絵本を用意する。	○野菜が大きく育つことを楽しみにしながら、水やりをする。○少し苦手な野菜でも、健康のために残さず食べようとする。	○みんなで大切に育てた野菜が食べられることを喜び合えるように声掛けをする。○給食に使われている食材に興味が持てるように、食材の名前を伝えたり、体にどんな栄養を与えてくれるのか、理解しやすいように伝えていく。
	健康・安全	○交通ルールを守りながら、安全に道路を歩けるようにする。○避難訓練では、保育教諭の話を聞きながら行動できるようにする。	○散歩コースの確認をし、危険な場所を把握しておく。○携帯電話や、防犯ブザーを持参する。○避難場所や避難経路を確認し、保育教諭が担当把握しておく。	○友達と手をつなぎ、道路の右側を歩く。○自動車が来るか確認し、気を付けて横断歩道を渡る。○歩きながらも気になる物を発見しても、列から飛び出さないように言葉にして多くことができる。	○自ら安全に気を付けて散歩ができるように、道路の渡り方や、歩き方についての約束事を伝える。○命の大切さを伝え、避難する際は、命を守るために命令に従って話をきく。○聞きながら素早く行動することができることを伝える。

気になる子への対応
Yくん…行く時間を決めて付き添い、トイレで排泄をできるようにしていく。また、ゆっくりと物事の説明をしていく。園庭で遊んだりする時もあるので、様子を見ながら、本人の気持ちが相手に伝えられるように知らせていく。
Kくん…友達に手を出してしまい、トラブルになることが多いので、友達とのかかわりがうまくいくように、理解しやすい方法で相手に気持ちを伝えられるように知らせていく。

保育教諭の自己評価 / 子どもの評価
○雨の日の戸外遊びは、子どもたちにとってワクワクする出来事だったようで、笑顔がいっぱいだった。最初は大きな水たまりにいざ入ってみると、はねた泥水にびっくりして、カッパやしりもちをつけてる子も見られた。カタツムリをみんなで育てることになり、保育室では毎日のようにカタツムリのいる動きを観察する様子が見られる。また、当番活動やカタツムリにえさをやるなど、当番活動のカタツムリのえさをやることがたいていの仕事がついていることをとても楽しみにしている様子。

7月　月間指導計画案

月間指導計画案

20XX年度　3歳児　○○○ぐみ

行事
○七夕祭り
○プール開き
○身体測定
○避難訓練
○夏祭り(相撲・腕相撲大会)
○誕生会

園長　主任　担当

これまでの子どもの姿
- ○保育教諭や友達と一緒に体を動かす遊びを楽しんでいる。
- ○身の回りのことを進んでしようとする意欲が見られる。
- ○気の合う友達と遊びながら、トラブルになることもある。

月のねらい
- ○友達と一緒に季節の行事やお話や絵本を楽しんだり、会話のやり取りを楽しんだりする。
- ○水遊び、泥遊びなどの夏の遊びをみんなで過ごす。
- ○尿意や便意を知らせ、衣服を汚さず排泄をする。

		ねらい	環境・構成	予想される子どもの活動	配慮事項	保護者支援
養護	生命	○プール活動や水遊び後の体調にも気を付けながら休息をとりながら過ごす。○活動後の休息の時間を入れ、静と動のバランスをとる。	○室温や換気に留意し、風通しをよくする。○活動内容、時間の調節を行い、十分な休息が取れるようにしていく。	○暑さのため疲れが出たり食欲が落ちたりする子は体調に合わせて、休息や食事を調節する。○少しずつ夏の生活習慣が身に付く。	○一人一人の健康状態を十分に把握できるよう、家庭とも連絡を密にして協力し合う。○活動と休息のバランスをとりながら、健康で快適に過ごせるようにしていく。	○生活習慣、リズム、自立の状態を話し合い、家庭でも発達年齢に合ったかかわりをしてもらう。○喜ぶ遊びの様子、友達とかかわる姿を具体的に伝え、子どもの成長をお…○夏の遊びをさせっかり楽しめるよう、健康管理や体の清潔面への配慮をお…
	情緒	○汗をかいたら保育教諭などを保育教諭に促されながら自分で行い、十分な水分や休息をとる。○安心して自己発揮できるよう、一人一人の甘えや欲求を十分に受け止めていく。	○一人一人の興味を知らせ、一人一人が安定して生活が送れるようにしていく。	○自分の思いを、少しずつでも言葉で伝えようとする。	○一人一人とのスキンシップを大切にし、安心して思いを伝えられるよう、優しく声を掛ける。	○願いし連絡を密にとる。○夏に多い感染症に注意して、異状がある時は早めに対応してもらう。○水遊び、プール遊びの用意をお願いする。
教育	健康	○着替え時、汗の拭き方や脱いだ服のたたみ方などを保育教諭に促されながら自分で行う。○トイレで排泄し、排泄後の身の回りの習慣が身に付く。○プール遊びに元気に参加し友達と楽しむ。	○着替えの際は、汗の拭き方や脱いだ服のたたみ方始末について知らせる。○トイレ内の安全点検を行い、清潔を保つ。○オムルや室内の清潔を保つ。○プール活動では水慣れしている子も、苦手な子もいるので、一人一人に合った内容を工夫する。	○自分から進んで汗を拭ついたり、股を脱ぐ子どもたちもいるが、保育教諭に声掛けをしてもらうことで行う。○排泄や便意を伝えることができるだけ自分から知らせようとする。○はじめは水遊びが怖がる子もいるが、少しずつ慣れ、友達と一緒にプール遊びを楽しむ。	○子どもの自主性を認め、必要に応じて声を掛けながら、一人一人が気持ちよく過ごせるよう配慮する。○夏の異変に気付けるよう保育教諭に知らせてもらい、体の変化に気を付けられるよう声を掛けて丁寧に…○プール活動では、着替えや準備体操をし、時間的にゆとりをもって取り組めるように配慮する。	
	人間関係	○生活や遊びの中で、簡単なきまりを守る。○行事を通し、地域の人々とのかかわりを楽しむ。	○日々の生活の中で、順番を交代するなどのルールをくり返し伝え、自然に守れるようにする。○地域の方々との交流をする場を設ける。	○きまりを理解し守ろうとする。○七夕祭りや夏祭りを通し、地域の方々との交流を楽しむ。	○事前にかかわりやくきまりを知らせることで、子どもが意識できるようにする。○地域の方々とのつながりについて話し、元気に挨拶をしたり、会話を楽しんだりできるようにしていく。	
	環境	○草花、野菜の生長や夏の虫に興味を持ち、見たり触れたりして楽しむ。○水、砂、泥などに触れ、感覚を楽しむ。○自分の持ち物や遊んだあとの片づけをしたり、身の回りの習慣が身に付く。○プール活動を楽しむ。	○天気のよい日はいつでも戸外に出ることができるよう準備をしておく。○遊びに必要な用具を準備しておく。○園内や室内の清潔を保持し、生活や遊びの空間の整理整頓をする。	○戸外で虫を採したり、草花や野菜の観察をしてかかわって、分からないことを保育教諭に聞いたり、図鑑で調べたりしながら興味を広げる。○初めてのプール活動にもすぐに慣れ、ダイナミックに夏の遊びを楽しむ。○自分から鼻水の始末をしたり、脱いだ靴をそろえる。	○子どもの発見に共感し、興味を広げられるよう声を掛けていく。○砂や泥の感覚をいかがな子どもには、少しずつ触れることで楽しさを味わえるようにしていく。○毎回の清潔を整頓に気付けるような声掛けを工夫し、自主的にできる時はさりげなく自信を目指していく。	
	言葉	○保育教諭や友達に、自分の思いや願ったことを言葉で伝えようとする。○生活や遊びに必要な言葉を知り、場面に応じて言葉を使って使おうとする。	○自分の思いを安心して出すことができるような雰囲気を作りするする。○保育教諭が手本となるよう、適切な言葉を使えるように知らせていく。	○困ったことがある時は、できることば言葉で伝えようとする。○「ありがとう」「ごめんね」など、気持ちを伝える言葉を知り、適切な言葉を使っていく。	○自分の思いを伝えられない子もいるので、一人一人の様子を見てかかわっていく。○相手の気持ちに気付けるようなかかわりをしながら、言葉で伝える大切さを実感したり、ほめたりしながら自信へとつなげていく。	
	表現	○様々な素材に触れ、七夕飾りの製作を楽しむ。○相撲や腕相撲を通し楽しんで表現することを楽しむ。	○七夕飾り製作の素材を多めに用意しておく。○みんなの前で伸びやかに表現したり、励ましたりほめることで自信へとつなげていく。	○自分なりのイメージを持って、製作活動を楽しむ。○勝つ喜びや負ける悔しさを味わいながら、体を使った表現を楽しむ。	○セタ飾りの製作に必要な道具を用意し、子どもたちのイメージが広がるように進めていく。○喜びや悔しさに共感し、次への意欲につなげていく。	
食育		○畑で収穫した野菜を食べる喜びを味わう。○友達と一緒に食べることを楽しみ、苦手な物も食べてみようとする。	○野菜の生長を観察する機会を設け、収穫に期待を持てるようにしていく。○食べ物と健康に関する絵本を知り、バランスのよい食事を意識できるようにしていく。	○自分たちで育てた野菜を喜んで食べる。○食べ物と健康の関係を知り、保育教諭や友達に励まされながら、苦手な物も食べてみる。	○野菜の生長に気付けるよう声を掛けをしながら、一緒に観察して喜びや発見に共感する。○子どもの発見に共感する。	○セタ祭りや相撲、腕相撲に興味を持ち、由来やルールを知り意欲的に参加していく。また、友達や異年齢児と一緒に参加したりして遊びを楽しむことができ、「おねかが痛い」「おなかが痛い」と伝えた子は、一人で排便する子も…
健康・安全		○夏に流行しやすい皮膚疾患が見られた場合は早期に対応する。○プール遊びや腕相撲を通して、毛や爪を清潔に整える大切さを伝えていく。	○視診、触診をこまめに行い、衛生管理を徹底する。○爪の点検を行い、定期的に爪を清潔に整える。	○自分で体の異変を伝えようとする。○プール遊びのあとは、シャワーで体を清潔にする。	○保護者とも十分にコミュニケーションをとり、ささいなことにも伝達していく。○プール遊びのあとは、子どもの異変に素早く対応するようにしていく。○プール遊び前後の室温に留意し、十分な休息、水分を取らせるように促していく。	○自分から体調の変化を訴えることができ、「おなかが痛い」と言えたり、水分中で体を動かせるような遊びを工夫していきたい。

気になる子への対応
Aくん…衝動的に行動してしまうことがあるため、くり返し約束事を知らせたり、新しい活動への抵抗も感じやすく、前もって次の行動を知らせることで、そばにつき安心できるようにしていく。 Bさん…環境の変化に不安定になりやすいので、環境を整えることに努める。

子どもの評価

保育教諭の自己評価
○カレンダーをめくりながら行事があることを事前に知らせたり、くり返し約束事を知らせたことで、行事への期待感や意欲を高めることができた。 ○プール遊びでは、一人一人の健康状態、適切なかかわりができたか、遊びがマンネリ化していないか、環境を振り返る。 ○水遊び、泥遊びなどの、素材や手作りおもちゃをつくったり、水の中で体を動かせる遊びを工夫していきたい。 ○夏の生活習慣をくり返し伝えることで、子どもが自ら行う姿が見られ、よかった。

8月　月間指導計画案

20XX年度　3歳児　○○○ぐみ

行事	保護者支援	園長	主任	担当
○夏祭り ○夏期保育 ○避難訓練 ○誕生会 ○プール見学会	○感染症の情報や予防方法を知らせ、家庭でも健康管理に気を付けてもらうように声をかける。 ○暑さによる疲れがわからず体調を崩さないために、規則正しい生活を送れるよう、協力をお願いする。 ○活動や遊びで汗をかくことも多いので、着替えの補充をお願いする。 ○プール見学会について知らせ、がんばっている姿を家庭でも十分見てもらえるようにしてもらう。			

これまでの子どもの姿
○暑さで食欲が落ち、夏の疲れが出ている子もいる。
○身の回りのことが一人でできるようになり、友達の世話をする姿が見られる。
○自分の好きな遊びだけでなく、友達のしている遊びにも興味をもって楽しむ。

月のねらい
○夏の生活の仕方が分かり、身の回りのことを自分でしようとする。
○夏ならではの遊びを、保育教諭や友達と一緒に楽しむ。
○遊びを通して友達とかかわり、自分の気持ちを言葉で伝えようとする。

		ねらい	環境・構成	予想される子どもの活動	配慮事項
養護	生命	○一人一人の健康状態を把握し、暑さによる疲れが出ないよう、十分な水分補給と休息をとれるようにする。 ○室内の温度調節を行い、快適に過ごせるようにする。	○室温は外気温との差を考慮した温度設定にし、換気も行う。 ○テーブルやいすなどの備品の消毒を行う。	○のどが渇いた時に水分をとったり、日陰で休息をとったりする。 ○手洗いやうがいを丁寧に行う。	○水分補給や休息の大切さを知らせ、夏の生活の仕方が身に付くようにする。 ○清潔にする必要性を知らせ、丁寧に行えるよう、そばで声を掛けたり手順を示したりする。
養護	情緒	○一人一人とのかかわりを大切にすることで、自分の気持ちを受け止めてもらえる満足感を与える。 ○身の回りのことや生活の仕方を友達に伝えたり、一人一人に応じて援助し、意欲や自信を育む。	○活動と遊び、午睡などの時間配分を考え、生活リズムを整えていく。 ○一人で身の回りの始末ができる環境を整えておく。	○休み明けは、無理せず自分のリズムで活動に参加する。 ○自分の思いを保育教諭に伝える。	○一人一人の体調に留意し、こまめに相談する。 ○子どもの思いに共感し、伝えたい気持ちを大切にする。
教育	健康	○汗の始末や着替えをし、清潔にする。 ○歯みがきを丁寧に行い、自分の歯ブラシやコップの後始末をする。 ○保護者に見てもらうことを喜びながら、プール活動を楽しむ。	○自分で始末しやすいように、着替える場所に置いておく。 ○プールの水温や水質を確認する。	○汗をかいたり、衣服が汚れたら、着替えをする。 ○プール遊びで全身を動かして遊ぶ。	○着替えなどは、自分でできるようになるべく見守り、「できた」という喜びが意欲につながるようにする。 ○プール遊びで、一人一人ができるようになったことを言葉で伝え、自信に持てるようにする。
教育	人間関係	○気の合う友達と好きな遊びを楽しむ。 ○異年齢の友達とかかわり、親しみを持つ。 ○自分の思いを友達に伝えたり、友達の話を聞いたりする。	○遊具や備品の安全点検を行う。 ○異年齢で触れ合う機会をつくる。 ○集団遊びなどを取り入れ、遊びに消極的な子には声を掛けて遊びに誘い、楽しめるような工夫をする。	○気の合う友達とのかかわりが増え、好きな遊びを友達と一緒に楽しむ。 ○異年齢の友達と一緒に遊んだり、生活して、楽しく過ごす。	○友達とのかかわりが増える一方で、トラブルになった時は、お互いの思いを理解した上で、丁寧にかかわりながら仲立ちをする。 ○年中や年長児から刺激を受けながら交流が持てるように援助していく。
教育	環境	○身近な虫や植物に触れ、興味・関心を持つ。 ○夏祭りの雰囲気を楽しむ。	○夏の図鑑や絵本を用意する。 ○夏祭りの会場にはコーナーを設定し、スムーズに楽しめるようにする。	○夏の虫をつかまえたり、観察したりする。 ○家族と一緒に夏祭りで楽しく過ごす。	○子どもの気付きや感動に共感し、興味を味わえるようにする。 ○親子で夏祭りの楽しさを味わえるように、場を盛り上げる。
教育	言葉	○楽しかったことや、経験したこと、感じたことなどを自分なりの言葉で友達に伝えようとする。 ○登園、降園の挨拶や「ありがとう」「ごめんなさい」が言えるようになる。	○一人一人がゆったりと発表できる環境をつくる。 ○生活に必要な言葉や会話を、くり返し伝える場面を取り入れていく。	○経験したことに耳を傾けたことを、友達や保育教諭に言葉で伝える。 ○自分の気持ちを伝える。	○子どもの話に耳を傾け、うまく表現できない時は、言葉を添えるなどの援助をする。 ○友達とのぶつかり合いの中で、相手の気持ちに気付くよう仲立ちする。
教育	表現	○夏の遊びを楽しむ中で、いろいろな素材の感触を味わう。 ○音楽に合わせて、体を動かすことを楽しむ。 ○手伝ってもらったことに対して「ありがとう」と感謝の気持ちを言葉で表現する。	○絵の具遊びに必要な材料や用具を準備する。 ○子どもの好きな曲を取り入れ、言葉にできて言える際はがんばりを言葉でしっかり止める。	○絵の具を使って、フィンガーペインティングやスライムなど、開放的な遊びを楽しむ。 ○盆踊りや体操など、曲に合わせて体を動かす。	○絵の具の変化や感触の味わえるようにし、子どもの気付きを受け止め、楽しさを共有する。 ○保育教諭も一緒に体を動かし、楽しさを共有しながら子どもの動きを引き出していく。
食育		○楽しい雰囲気の中で食事をする。 ○収穫した夏野菜を味わい、夏の食材に興味を持つ。	○冷房を入れ涼しくしておくなど、食事しやすい環境を整える。 ○畑に野菜を見に行く。 ○食材に触れる機会を設ける。	○保育教諭や友達と会話を楽しみながら食事をする。 ○大きいクラスの子が栽培している野菜を見たり、食べたりして喜ぶ。	○暑さで食欲が落ちるので、個々に合わせて量を調節し、食べる喜びが持てるようにする。 ○子どもたちの発見を周囲にも伝え、一緒に感動できるようにする。
健康・安全		○夏ならではの遊びを十分に楽しむ。 ○プール遊びに必要な約束事を守る。 ○夏の感染症や熱中症の予防に努め、こまめに水分補給を行う。	○プールの中や周辺に危険がないかを確認しておく。 ○気温や湿度の確認をこまめに行う。	○色水遊びやボディペインティングを楽しむ。 ○水の感触を楽しみ、安全に遊ぶ。 ○休息を十分にとりながら、ゆったりと過ごす。	○危険な遊び方をしている時は、その都度知らせ、全員が明確し、約束の確認をする。 ○こまめに水分補給を行うよう促すとともに、安全な遊び方を知らせる。 ○ごまめに水分補給をしっかり促し、熱中症にかからないように気を付ける。

気になる子への対応
Sくん……生活・遊び…パターンを覚え、身の回りのことを自分でできるようになってきたが、パターンが変わると動けなくなってしまうので、パターンの変化を事前に知らせ、その上で声を掛けや援助をする。
Nさん……聴覚からの情報理解が苦手なので、カードなどの視覚情報を活用し、子どもたちに共感して行動理解を促す。

子どもの評価
○プール遊びでは水にすっかり慣れ、もぐったりする姿も見られた。
○気の合う友達とのかかわりが深まってきたが、トラブルになることもあった。

保育教諭の自己評価
○プール遊びなどの夏ならではの遊びを、保育教諭も一緒になって思いっきり楽しみ、子どもたちに夏がきたことを事前にもって知らせ、その上で掛け声や援助を行っていく。

9月 月間指導計画案

9月 月間指導計画案

20XX年度　3歳児　○○○ぐみ

	園長	主任	担当

行事
- プール納め
- 敬老の日
- 防災総合訓練
- いも掘り
- 誕生会
- 消火避難通報訓練

保護者支援
- 保育の内容を分かりやすい形で伝え、家庭と連携して子育てをしていくことを理解してもらう（子どものつぶやきや発見を伝えていく）。
- 子どもが自分で調節しやすい衣服を用意してもらう。
- 衣服の着脱を自ら行うため、汗で脱げにくい服を保育教諭に「やって」と言いに来る。
- 食事や睡眠をしっかりとり、家庭でも健康管理に気を付けてもらう。

これまでの子どもの姿
- 絵本や玩具などを使い2〜3人で遊ぶ姿がある。興味が移りやすいため、次の遊びに移ることがある。
- 自分の好きな色を選び、お絵かきや絵を楽しんでいる。
- 衣服の着脱を自ら行い、たたんで入れられるようになるが、汗で脱げにくい服は保育教諭に「やって」と言いに来る。

月のねらい
- 園生活のリズムを整え、自分でできることは自分で行う。
- 身近な季節の自然に触れ、興味・関心を持つ。
- 簡単なルールのある遊びを通して、保育教諭や友達と一緒に楽しむ。

		ねらい	環境・構成	予想される子どもの活動	配慮事項
養護	生命	○運動のあとは、休息や水分を十分にとれるようにし、心身の疲れをとり、次の活動につなげていく。	○園庭や遊具の安全点検を十分に行う。○熱中症などを考慮し、飲み物や休息がとれる環境（日陰・換気など）を準備したりしておく。	○体調が優れない時は、自分から保育教諭に訴える。○自ら水分補給や休息をとろうとする。○衣服の調節を自ら行おうとする。	○休息（午睡）や水分補給の大切さを伝えていく。○静と動のバランスのとれた活動内容を考えていく。
	情緒	○一人一人の気持ちや言葉を受け止めて活動ができるようにする。自信を持って行う。	○安心して自分の思いが伝えられるように、ゆったりとした環境をつくる。	○自分が経験したことや嫌だったことを友達や保育教諭に話したり、「なぜ」と思ったことをたずねたりする。	○子どもの温かい心を見守り、思いに共感していく。○自分の思いを表現したり、相手に伝えられるよう保育教諭が手立てしていく中で、主体的に活動できるようにする。
教育	健康	○衣服の着脱や片づけなど、自らしようとする。○友達や保育教諭と一緒にボールを使い、体を動かして遊ぶ。○簡単なルールのある遊びを楽しむ。	○一人一人の動きを把握し声掛けすることで、衝突や転倒を未然に防ぐ。○いろいろな動きが楽しめるように、子どもの発達を興味に合った遊びを用意する。	○友達と一緒にボールなどの遊具を使い遊ぶ。○汗をかいたら、自分で着替える。○リレーごっこ、マット運動など様々な運動遊びをする。	○保育教諭と一緒に体を動かすことを共感するとともに、やってみるような意欲的な気持ちが持てるように言葉掛けをしていく。
	人間関係	○遊具を使って運動遊びを通し、友達と関わって遊ぶ。○様々な人と一緒に活動する楽しさを味わう。	○一緒に活動をする時には、事前に絵カードを使い、きまりがあることをあらかじめ伝わりやすくしておく。○発達に合った玩具・遊具を用意する。	○友達とボールを使って引っ越しゲームをする。○友達とボールゲームをする中で楽しむ。○地域の老人ホームの方と交流をする（敬老の日）。	○子ども自らが考えていけるような言葉掛けをする中で、遊び遊びを発展できるようにする。
	環境	○いも掘りを通して、秋の自然物に興味・関心を持つ（色・形・におい）。○運動することを楽しむ。○カレンダーや時計に興味を持つ。	○自然物に興味が持てるように、実際に手にとり、触ったりおいしかったりできるような手の届く場所に置いておく。○運動遊びやカレンダー・時計が遊び方を通し、形や数字に興味が持てるように準備をする。	○ボール遊びや運動遊びを通し、遊具や用具の使い方を知る。○遊びや活動の中で、知っている文字や数字を見つけ、興味・関心を持つ。○いも掘りに参加する。	○遊びの中で色や形に気付けるように声を掛けていく。○自分がつくった数を大切にしようという気持ちが持てるようにしていく。
	言葉	○絵本の読み聞かせを、言葉のやり取りを楽しむ。○不思議だな、おもしろいなと感じたことを、言葉にして伝える。	○子どもが自分で絵本を選べるようにしておく。○遊び広がりが時間的なので、玩具や遊具の使い方などのルールを確認しておく。	○ボール遊びや運動遊びで気付いたことを言葉にして伝える。○保育教諭と一対一で、絵本の読み聞かせを楽しむ。	○子どもの伝えたいという気持ちを大切にしながら思いを受け止め、話す・聞く態度をつなげていく。○ゆったりとした気持ちで対応していく。
	表現	○リズムや音楽に合わせて体を動かし、表現する。○いろいろな素材を使ってつくったり、自分なりに工夫することを味わう。	○子どもの違いや変化に気付けるような声掛けをし、様々な素材を準備する。○季節の変化による草花や生き物に興味や驚きに共感する。	○リズミカルな音楽に合わせて体を動かしたりのダンスを楽しんだりする。○絵本や図鑑と同い草花や生き物に触れたりの、季節の変化を楽しむ。	○子どもが発見したことで工夫していることを認め、地域に伝え合う中で表現する楽しさを知らせていく。
食育		○秋の野菜や果物の種類や名前を知り、旬があることを知る。○おなかがすくリズムをつくり、食事を楽しむ。	○楽しい雰囲気の中で食事ができるように盛り込む工夫をしたり、花を飾ったりBGMを工夫したりする。○十分な活動がせるようにバランスのとれた活動を行う。	○運動遊びで十分体を動かす。○サツマイモを使ったおやつを食べる（やさしいもパーティー）。○野菜の収穫をする。	○保育教諭も一緒に体を動かし、「おなかがすいたね」「給食楽しみだね」と子どもと共感できるようにする。
健康・安全		○災害時の行動の仕方が分かり、安全に気を付けようとする。○生活習慣が分かり、自分でしようとする。	○避難の方法をイラストなんどで伝えたり、ルールを実際に歩いたりのするなど、日ごろから災害への対応の方法を知る。	○防災訓練に参加する。○避難の仕方と同じ防災ずきんのかぶり方を知る。	○自分の身を守る大切さを伝え、実感できるようにする。○保育教諭がそばにいるから安心というこ とを伝えることも子どもが安全に避難場所に避難できるよう連携を図る。

気になる子への対応
○Hくん…自分の思いを通そうとして、ひっくり返って泣いたりする友達をたたいたりすることがある。思いを受け止め、気持ちが落ち着いたあとに相手の気持ちも伝え、集団遊びを通して、楽しみながら相手の思いやルールに気付けるようにしていく。

保育教諭の自己評価
○運動遊びを積極的に楽しんでもらおうと保育教諭の思いばかりが出てしまい、ゲームに消極的な子どもの気持ちを十分に汲み取れなかった。子どもの気付きやつぶやきに気付けるようにしていくことで、ボール遊びや少しやりよーっこを楽しむことで、がんばれれるなどの応援の言葉が積極的に出て盛り上がっていった。

子どもの評価
○遊びが発展していく中で、自分の意見も押し通そうとする姿があった。運動ごっこを通して少しずつ他児の気持ちに気付けるようになってきた。

10月　月間指導計画案

20XX年度　3歳児　○○○ぐみ

園長	主任	担当

これまでの子どもの姿	○戸外で体を動かす遊びを楽しみ、部屋に戻ったら手洗い、うがいをする。 ○運動会の練習を通して、皆とのかかわりや関わりが増えてきた。 ○自分の思いを言葉で表現できるようになってきた。
月のねらい	○友達とのかかわりを広げ、簡単なルールを守って一緒に遊ぶ楽しさを味わう。 ○様々な運動遊びに興味を持ち、体を動かす楽しさを知る。

行事
○運動会　○衣替え　○異年齢児との交流（なかよしデー）　○親子遠足　○誕生会

○内科健診　○歯科検診　○身体測定　○交通安全指導　○不審者対応訓練　○避難訓練

保護者支援
○運動会を通しての子どもの育ちやクラスの育ちや成長を保護者に伝える。
○戸外に出ることが多くなるので、家庭で着替えなどをしてもらう。
○戸外での遊びが盛んになり自分で着脱をするようになるので、着替えを用意してもらう。
○手洗いやうがいの大切さを知らせ家庭でも行うようにすすめる。

		ねらい	環境・構成	予想される子どもの活動	配慮事項
養護	生命	○気温に応じて衣服の調節を行い、健康管理の大切さを知らせる。 ○運動会の練習を通して、心身をゆっくり休ませながら、落ち着いて過ごせるようにする。	○のどが渇いたら自分で水分補給ができるように環境設定する。 ○休息ができる場所を確認しておく。	○のどが渇いたことを保育教諭に伝え、水分補給をする。 ○汗をかいた時は、保育教諭に伝えて着替えをする。 ○暑い・疲れたと訴える子どもがいる。	○体をたくさん動かしたあとは、休息や睡眠をとれるようにする。 ○いつでも水分補給ができるようにしておく。
	情緒	○身の回りのことを自分ででできたことを認め、次につながるようにしていく。	○自分でするという意欲を大切にしながら見守ったり促したりする。	○リズム感を養いながら、みんなで歌ったり踊ったりすることを楽しむ。 ○自分でできることが増え、意欲を持って活動する。	○がんばっている姿を認め、ほめたり応援したりする。 ○一人一人の気持ちや行動を十分に受け止め認めていくことで、自信へとつなげていく。
教育	健康	○戸外で体を十分に動かして遊ぶ。 ○気温や活動に応じて衣服の調節を自分でしようとする。	○保育教諭間で連携を取り、安全面に十分に気を付けていく。 ○自分で衣服の調節ができるように取り出しやすいところに着替えを置いたり、汚れ物を入れる袋を用意しておく。	○戸外で元気いっぱい体を動かして遊ぶ。 ○自分で着替えて衣服を調節することができる。	○様々な活動ができるように環境を整え、遊びに誘ったりする。 ○身の回りのことを自分でしようとする気持ちを大切にしながら適切な助言をする。
	人間関係	○遊具や玩具の貸し借りをしながら遊んだり、順番を待つことの大切さを知ったりして遊ぶ。 ○簡単なルールを守って遊ぶ。	○友達と一緒に楽しめる簡単なルールのある遊びの場を設定する。 ○簡単なきまりのある遊びを設定する。	○気の合ったグループでの活動を通して、友達との関係を深めていく。 ○異年齢児と一緒にごっこ遊びなどをする。	○思いのぶつかり合いから起こるトラブルに対して、お互いの気持ちを伝えられるようにかかわる。 ○子どもと一緒に楽しみを確かめ合い、友達と一緒に遊ぶ楽しさや満足感を味わえるようにする。
	環境	○散歩や園庭で草花や虫などに触れながら、秋の自然を楽しむ。 ○身の回りの色、形、数などに興味を持つ。	○木の実や落ち葉など、子どもの目に見えるところに飾っておく。 ○秋の草花や虫を探したりできるように戸外へ出かけ、自然に触れる機会を設ける。	○散歩や園庭で木の実や落ち葉を見つけて遊ぶことを楽しむ。 ○散歩に出かけ、事物をつかまえて虫観察をしたりする。 ○木の実などの色や形を見たり、数えたりする。	○子どもの発見や気付きに共感し、さらに興味や関心が深まるようにする。 ○身近に触れた時は、道の歩き方、横断歩道や信号の意味をその都度伝える。
	言葉	○遊びの中で自分の気持ちを言葉で表現することとともに、相手の気持ちにも気付く。 ○絵本や紙芝居などに親しみ、イメージを持ったり聞いたりする。	○子どもたちの思いをしっかり受け止め、自分の思いを言葉で伝える。 ○ごっこ遊びに使う言葉を十分に用意する。	○自分がどうしたいのかや、何かあったのかなど、自分の思いをしっかり伝える。 ○ごっこ遊びの中で使う言葉のやり取りを楽しむ（「なんくださいな」「いらっしゃいませ！」「ありがとうございます！」など）。	○生活の中で、できるだけ言葉で気持ちや行動が結びつくように配慮する。 ○自分の思いや考えを伝えようとする姿を見守り、うまく伝えられない時は援助する。
	表現	○運動会の遊戯曲やオープニングの曲に合わせて踊ったり、体操をしたりすることを楽しむ。 ○身の回りの色、形、数などに興味を持つ。	○季節に合った曲やなじみのある、リズムに乗りやすい曲を準備する。 ○自然物や素材を十分に用意しておく。	○友達や保育教諭と一緒に運動会に向けて踊ったり、体操をしたりする。 ○子どもの興味や発想を大切にし、自由な表現が出せるようにする。	○保育教諭も子どもたちとともに楽しんで踊ったり、体操をしたりする。 ○子どもの興味や発想を大切にし、自由な表現が出せるようにする。
食育		○食事の姿勢や箸の持ち方、食器の持ち方に気を付けて食べる。 ○秋の食材について知り、見たり食べたりして関心を持つ。 ○食べることの大切さを知り、よくかんで食べる。	○楽しい雰囲気の中で食べられるように声掛けをして、季節の花を飾ったり食べやすいように工夫する。 ○食べ物の働きについての絵本や紙芝居を用意する。	○食欲が増し、いろいろな食べ物を喜んで食べる。 ○お皿やお茶わんをこぼさないようにうまそうに食べられるように集中して見る。 ○食べ物の働きについて興味を持って見る。	○食事中のマナーをその度くり返し知らせ、自然に身に付けるように配慮する。 ○つくってくれた人への感謝の気持ちを持てるように話をし、時には調理員と触れ合える機会をつくる。 ○献立の中の材料に関心を持つよう促し、食品と体の関係について知らせるようにする。
健康・安全		○遊具の安全な使い方を知る。 ○避難（火災・不審者）の仕方を知る。 ○戸外から部屋に入る際には、手洗い、うがいをする。 ○散歩の際にくり返し交通ルールを伝え、安全に歩けるようにする。	○道具の安全な使い方が分かるように実際の場所で詳しく説明をする。 ○放送やベルの音の話を聞いたり、実際に行ってみる。 ○不審者対応訓練では避難方法の話を聞かせ、避難場所や保育教諭の指示に従うことを話す。 ○戸外から部屋に入る際には、手洗い、うがいの仕方をていねいに知らせる。	○固定遊具や運動用具を安全に使い順番を守って遊ぶ。 ○保育教諭の話をよく聞き、話をせずに速やかに避難する。 ○手洗いやうがいは丁寧にしているようであるが、途中から遊んでやめて遊ぶ姿が見られる。 ○散歩を楽しみながら、交通ルールを理解していく。	○運動遊具の安全点検し、子どもが安心して遊べるようにする。 ○紙芝居やDVDでの振り返りをするなどして実際の避難の方法を知らせたり、実際の避難行動を身に付けさせる。 ○手洗いやうがいに不慣れな部分があるので、必要に応じて職員間の役割分担をあらかじめ打ち合わせておく。 ○手洗いやうがいは保育教諭が手本となりながら、丁寧にかかわるのを習慣とできるようにする。

気になる子への対応	Aくん…友達と遊んでいると必ずといってトラブルになってしまうので、その都度Aくんの気持ちを聞きながら、友達と楽しく遊べるようにする。 Bちゃん…子どもがクラスの皆で遊ぶ姿が見られるようになってきた。
子どもの評価	○散歩や園外保育に出かけた時に、保育教諭の言葉掛けに応じてできたところはほめながら活動を行い、できたところは保育教諭とともに喜び合えた。 ○友達と一緒に遊ぶのが多くなったが、遊びのルールを知りながら互いに楽しく遊べることを知ることができた。
保育教諭の自己評価	○いろいろな場面で子どもの気持ちに寄り添った対応をしたことで、子どもも安心した姿が見られた。新しい活動に入る前にイラストや紙芝居などで知らせていたので、安心して取り組む姿が見られてよかった。 ○散歩や園外保育では、交通安全のルールを守って歩こうとする姿が見られるので、子どもと一緒に遊ぶことが多くなったが、遊びのルールを知らせ、安全に行動できた。

11月 月間 月刊

月間指導計画案

20XX年度　3歳児　○○○ぐみ

	担当	主任	園長
印			

行事
- ○誕生会
- ○園外安全教室（警察指導）
- ○避難訓練
- ○消防署見学
- ○音楽発表会
- ○内科健診
- ○歯科検診
- ○七五三記念撮影

保護者支援
- ○気温差のある時期なので、着脱のしやすい衣服をお願いする。また、感染症が流行しやすい時期なので、予防対策をお知らせし、家庭での協力もお願いする。
- ○季節の変わり目でもあるため、衣服の調節が必要なことを伝え、自分の行った調節を確認する。
- ○消防署見学を通した子どもたちの姿や保育のねらいなどを伝え、育ちに共感できるようにする。
- ○内科健診、歯科検診の結果を各家庭に伝える。

これまでの子どもの姿
- ○気の合う友達とルールのある遊びや好きな遊びを楽しみながら、トラブルになることも多い。
- ○自分の好きなキャラクターになりきって、ごっこ遊びが盛んになる。
- ○遊びの中で言葉のやり取りを楽しみ、友達の話を聞いて笑ったりする。

月のねらい
- ○生活に必要な言葉のやり取りの意味を理解する。
- ○目的を持って意欲的に活動に取り組み、様々な形でできの成果を表現する。
- ○自分でできる身の回りのことを行い、満足感を得る。

区分		ねらい	環境・構成	予想される子どもの活動	配慮事項
養護	生命	○手洗い、うがいなどの基本的な衛生習慣を進んで行えるようになる。○気温や室温、換気などに気を配り、快適に過ごせるようにする。	○水飲み場など、子どもたちの目に入る場所に手洗いの図解ポスターを貼り、関心を持てるようにする。○午睡時間は静かにゆったりと過ごせるようにする。	○戸外活動後は進んで手洗い、うがいをするようになり、うがいを忘れていることもあるが、友達の様子を見て思い出すこともある。○自分で鼻水をかんだり、食べこぼしを拭ったりして清潔を保とうとする。	○手洗い、うがいがしっかりできていない子には一緒に行い、お手本となるようにする。また、なぜ手洗い、うがいが必要なのかも伝えていく。○季節の変わり目でもあるため、衣服の調節が必要なことを伝え、自分の行った調節を確認する。
	情緒	○自分でできることが増えてくる時期なので、励まし見守ることで自信につなげる。○主体的な気持ちを大切にしながらも、集団行動する姿を見守れるようにする。	○一人一人の考えを認め、満足感のある達成経験を積み重ねるようにする。○言葉ではなく表情して保育教諭が仲立ちとなる形で気持ちを大切に表現できるようにする。	○自分の気付きや発見を保育教諭や友達に伝え、そのことを認められたり共感されたりすることにより、満足感を得る。○自分の気持ちを言葉でうまく表現できずに黙り込んでしまう子も、保育教諭の援助を得ながら、納得いったり表現したりできる。	○じょうずに言葉で表現できない子には、代弁したり、問いかけたりしながら、気持ちをくみ取るようにする。○心の動きを読み取り、子どもが情緒的に安定することを大切にする。
教育	健康	○秋の自然に触れながら十分に体を動かして遊ぶ。○自分の体に関心を持ち、体調の変化に気付いたり、清潔に保とうとしたりする。	○悪天候時でも室内で十分な運動ができるように、スペースを広くして確保したり、けがなどについて保育者への伝達忘れがないように、職員間での連絡を確認し合う。	○けがをしたり、体調に異変を感じたりしたら、保育教諭に伝えることができる。また、友達の状態の変化に気付いて、保育教諭に教えることができる。	○身の回りを清潔に保ったり、健康的に生活していることの成果を認めたり、自信につなげたりする。○個人差に配慮しながら、家庭との情報共有を大切にする。
	人間関係	○友達とのごっこ遊びを通して、会話する仲間意識が深まるようにする。○友達とけんかになりながらも、お互いにルールを守ることで、遊びが楽しめるようにする。	○子どもたちそれぞれの気持ちを肯定し、お互いに認め合えるような雰囲気をつくっていく。○みんなで守るルールや約束事を知らせ、その都度確認し合えるようにする。	○友達の気付きや発見に興味を示したり、興味を示したりする。○ルールを守るためにきまりやがいる友達がいる時は、声を掛けて守るように促そうとするか。	○ルールや約束を守ることで、みんなが快適に過ごせることや楽しく遊べることを体験できるようにする。○言葉だけではなく、絵や写真などを用いて、視覚から情報を得られるようにする。
	環境	○目的を持って消防署見学に行くことにより、観察力や想像力を養う。○戸外散歩を通し、冬の訪れを感じながら、夏の自然との違いを知る。	○消防署見学の際は、より観察をするための物をじっくりと観察したり、実際の大きさを体的に感じられるようにする。○春や夏の風景が分かる写真や図鑑を用意し、秋の草花や風の冷たさに関心を持てるようにする。	○ぶたに近くで見ることのできない物をじっくりと細やかに観察したり、自分でもまねしようとすることで、やってみたいという気持ちが現れる。	○消防署の素材を用意しておき、いつくつと思い出せるような機会を伝える。○子どもたち一人一人を主体として受け止め、それぞれの活動における気付きや発見を引き出せるように接する。
	言葉	○園生活の中で、自分の気持ちを自分なりの言葉で友達に伝えようとする。○絵本の中で、知っている文字を声に出して読んだり、覚えた言葉を見つけたりして楽しむ。	○子ども自身が知っている写真などを貼り、活用したり披露したりするための素材を掲示する。○話をする時は、しっかりと話を聞く時間を設ける。	○知ることを喜び、新しい知識を習得し、より話しやすくすることを楽しむ。○会話がかみ合わない時もあるが、知っている言葉で話そうとする友達と話す。	○絵や写真などが中心になりながら、文字や数字・色や形に対しても気付いていけるように配慮する。また、気付けたことはおおいに認める。○子どもの目線で、子どもの目を見ながら話すことを大切にする。
	表現	○観察した物への気付きを様々な言葉で表現することを楽しむ。○年中児や年長児の姿をまねしながら、楽器を鳴らしたり、歌を口ずさんだりすることを楽しむ。	○特定の時間や素材を設定し、じっくりと観察できるようにする。○発表を観察し、互いに称賛し合えるようにする。	○自分の興味を持った箇所をじっくりと細やかに感じ、自分でもまねしようとすることで、やってみたいという気持ちが現れる。	○写真や絵などの素材を用意しておき、いつくつと思い出せるような機会を伝える。○年少児が触れても問題のない楽器を用意する。○楽器を触る際の約束事を確認する。
食育		○食物が自分たちの口に運ばれるまでに様々な人が努力していることを知り、苦手な物でも少しずつ食べられるようにする。○秋ならではの食材を伝え、興味・関心を引き出し好き嫌いなくする。	○昼食の際は、その日の献立や食材を写真や絵を用いて知らせ、関心を持てる事を通して食事を楽しむ。○紙芝居や絵本などを通して、千歳あめの由来について伝える。○秋の野菜や果物が分かる図鑑を用意し、食物の育ちを伝える。	○保育教諭から伝えられた情報を、友達との会話に用いることもあるが、友達の様子を見ることで興味を持ち、食事を楽しむ。○食材にはいろいろな人がかかわっていることを知ることで、食べようとする心が育つ。	○実際に調理員が調理している姿や調理の工程を見ることにより、感謝の心が育つような環境を用意する。○本物の果物や野菜を用意することで、苦手な物も少しでも食べてみようとするきっかけとする。
健康・安全		○朝夕と日中の気温差が激しい時期なので、衣服の調節を行い、体調管理に留意する。○園外安全教室では、道路の渡り方とともに道路を歩行する際の心がまえを知る。	○保育室の安全面や衛生面を確認する。○内科健診・歯科検診の準備を整える。	○保育室の安全面や衛生面を確認する。○内科健診・歯科検診の通路を確認する。	○日ごろから、友達の欠席状況などを知らせ、心配する様子が見られる。○実際に横断歩道を渡ったり、緊張したり、キョロキョロしたりするが、少しずつ危険への意識が高まる。	○日ごろから、友達の欠席状況などを知らせ、病気への関心を持てるようにする。○信号や道路の横断についての約束事を友達同士のやりとりで確認しておく。

気になる子への対応
Fくん……一人遊びが中心で、落ち着きがなく、せわしなく動いている。友達との遊びの中ではFくんの好きな玩具などを用いて、遊びに加わりやすいようにする。
Kくん……物事を理解するまでに時間を要することや、本人の意思が低いことなどがあり、活動の中でルールや約束事の理解が難しい場合がある。そのため、ただ友達のあとについて回っているといった関係のない発言をすることがあるため、明確感を持って取り組み、達成感を味わい、それを自分なりに表現をすることで自信につなげていきたい。
○園外安全教室は、ふだんとは違う雰囲気の中や振り返り中の安全教室などを用いて興味が持てるようにする。また、本人が落ち着いて活動できるよう、落ち着かない子どもたちには、遊びや順序やその都度ストレスを感じない程度に問いかけながら進める。

保育教諭の自己評価
○期待感を持って活動する子のことができてきた。振り返り中の安全教室の安全教室を同士のへアをもっと考慮するべきだった。

子どもの評価
○消防署見学では、明確感を持って取り組み、達成感を味わい、まったく関係のない発言をすることがあった。○日ごろから全員で約束事を肯定し、自信につなげていきたい。

12月 月間指導計画案

20XX年度 3歳児 ○○○ぐみ

園長	主任	担当

行事
○交通訓練　○保健の日　○避難訓練　○防犯訓練　○異年齢活動　○お遊戯音楽発表会　○食育の日　○クリスマス会　○保育納め　○誕生会

これまでの子どもの姿
○身の回りのことを自分でできるようになってきたが、防寒着の始末にはまだ時間がかかる。
○冬の訪れを感じないか、戸外遊びを元気に楽しんでいる。
○絵本や紙芝居に出てきた言葉を使いながら、友達と会話を楽しんでいる。

月のねらい
○合奏や劇、お遊戯を通して、体や言葉で表現する楽しさを感じる。
○様々な行事を通して季節を感じたり、異年齢児と過ごしたりして楽しむ。
○十分に体を動かしながら、寒さに負けず元気に遊ぶ。

		ねらい	環境・構成	予想される子どもの活動	配慮事項	保護者支援
養護	生命	○感染症の予防のため、手洗いやうがい、衣服の調節の大切さを知らせていく。	○手洗い、うがいの習慣が身に付くように、絵本などで知らせていく。○薄着の子どもは太陽光を意識的に浴びるようにする。	○積極的に手洗い、うがいをする。	○自分でできる部分、できない部分を見極めながら援助する。○子ども自身がしたいことを受け止めないようにつなげるようにする。○自分でやってみることが自信に感じるような声掛けをする。	○防寒着の着脱をする機会が増えるので、着脱しやすい物を用意することが、自分でできるように自信につながることを知らせていく。○発表会のがんばりを一緒にほめたり、家庭で手洗い、うがいを習慣付けてもらう。○感染予防のため、家庭でも手洗い、うがいを持てるよう願いする。○年末年始のお休みには、着替え袋などを持って帰ってもらい、点検をお願いする。
	情緒	○発表会までの練習への取り組みやがんばりを認め、一人一人が自信を持てるようにする。	○発表する機会を設け、みんなの前で表現、行動できるようにする。	○喜んで自分から発表する。	○がんばったことを認めたり、できた達成感を感じたりできるようにする。	
教育	健康	○身の回りのことを自分で行い、健康で安全に過ごす。○自分で手洗いをしたり鼻水をかんだりできるようにし、清潔を保とうとする。	○自分でできるような環境をつくる。○空調に換気を意識的に行う。○着替えの場所を確保する。○ティッシュペーパーを子どもの取りやすい場所に設定する。	○自分でしようずに着脱し、片付けることができる。○寒い時と暑い時に自分で体温調整しようとする。○鼻水が出たことに気付き、ティッシュペーパーを使って自分でかむ。	○できない部分を受け止め援助しながら、しようとできたことを時は認めたり、自分でできた時達成感を持てるようにする。○気温や湿度などの変化に注意を促す。	
	人間関係	○当番活動など自分の役割が分かり、人とのかかわりを楽しむ。○人との同じ気持ちを持てることを楽しむ。○友達と同じ物を取ったり、一緒につくったりしながら喜びを楽しむ。	○役割のある遊びや劇などを取り入れる。○みんなの前で気持ちを伝え合える場をつくる。○気持ちのやり取りを振り返る時間を設ける。	○自分の役割を果たそうとする。○保育教諭や友達に気持ちを伝えようとする。○保育教諭や友達に気持ちが伝わって喜ぶ。	○役割を果たした達成感やそれぞれの役に立つことの心地よさを感じられるようにする。○遊びの中でトラブルが起きた時は、お互いの気持ちを受け止め、相手に伝えられるように仲立ちをする。	
	環境	○冬の自然やクリスマスの雰囲気を楽しむ。○一年の終わりと次の年への期待を感じ取る。	○冬や季節の自然の雰囲気をつくる。○お正月までの流れを取り入れる。○行事活動などを取り入れる。	○季節の変化に気付き、目にした物をうれしそうに話す。○季節の行事を楽しく参加する。	○霜や氷などの自然現象を一緒に見つけ、子どもの感動に共感する。○年の区切りを大切に行事があることを伝える。	
	言葉	○人前で自分の思いや言葉などを伝えようとする。○絵本に親しみながら言葉の伝達を楽しむ。○挨拶をしっかり行う。	○発表する場を設ける。○使える言葉を提供する、手本を見せる。○本など見やすい配置・掲示する。	○人前で堂々と自分の思いを伝えている。○言葉や言葉で伝えることを喜ぶ。○くり返し自分の思いを伝える。	○少しずつ人前での発言に慣れるようにしていき、自信を持ってできるようにしていく。○生活場面に合った言葉の使えるように伝える。	
	表現	○曲に合わせて弾いたり、歌ったり、踊ったりすることを楽しむ。○感謝の言葉や身振りで伝える楽しさを感じる。○当番活動や保育教諭の手伝いを喜び、進んで行う。	○曲かけや鍵盤ハーモニカなどを用意する。○歌や踊る活動を言う。○表現の方法を絵などにして掲示する。○テーブルふきやぞうきんなど1枚の準備など簡単な手伝いを設定する。	○発表会やクリスマス会で楽しく歌ったり、踊ったりくり返しながら発表できるようにする。○友達と伝え合う。○当番活動の手伝いを積極的に行う。	○踊りや劇などの衣装や小道具を身に着けたり、役の雰囲気を楽しみながら発表できるようにする。○子どもが表現した発言を受け止めて、保育教諭の言葉で表現で返すようにする。	
食育		○三角食べをしようとする。○冬の食べ物に興味を持つ。○時間内に食べられるようにする。	○栄養素を伝えていく。○冬の行事と関係する食材を準備する。○食材などを分かりやすく掲示する。	○三角食べをしようとしている。○行事にかかわる食材を身近に感じる。○遊びの中に冬の食材を取り入れる。	○栄養食のバランスよく食べるように体によいことなどを伝え、好き嫌いせずに三角食べをするようにしていく。○食材を身近に感じるよう生活の中での具体例を話す。	
健康・安全		○室内の温度を調節し、健康で安全に過ごせるようにしていく。	○室内の温度を調節する。○着替えの場所や行動の仕方を分かりやすく掲示する。	○自分で衣類を調節しようとする。○自分で保育教諭などに体調不良を訴える。	○視診し、子どもの様子を細かくチェックする。○保護者と連絡をとりあっていくようにする。	

気になる子への対応
Aさん…声や表情などから分かる気持ちを受け止めて、適切な方法や言葉にして返す。不快に対する言葉などにして具体的な言葉を使った視覚情報と合わせて、できるだけ意識的に伝えるようにその都度伝える。
Bくん…したいこととしてはいけないことの区別がつかないので、カードなどを使った視覚的な情報と合わせて、できるだけ意識的に伝えるようにその都度伝える。

子どもの評価
○行事ごとに季節の情景と日常の出来事を結びつけて話す姿が見られた。発表会では感謝の気持ちを表現するようになった。またお友達の方に演技を見てもらうことを喜び、また演じる喜びを感じているようだった。防寒着の着脱については、部屋の中でも上着を脱がずに着ている子どもも見られた。

保育教諭の自己評価
○年末は多くの行事に追われて感動のあったが、季節を感じられるような活動ができたと思う。感謝の気持ちを伝える活動ができた。

月間指導計画案

1月

20XX年度　3歳児　○○○ぐみ

園長　／　主任　／　担当

行事
- ○どんど焼き
- ○身体測定
- ○避難訓練
- ○雪中運動会
- ○不審者対応訓練
- ○誕生会

保護者支援
- ○長い休みが明けとなるので、不安定な子どもの様子を保護者には、特に園での様子を細やかに伝える。また、家庭での様子を把握しておく。
- ○体内リズムづくりの大切さや、規則正しい生活の習慣を伝えていく。
- ○家庭においても手洗い、うがいの習慣付けをお願いし、感染症予防に努めてもらう。
- ○子どもの運動量について知らせ、調節しやすい衣服をお願いする。

これまでの子どもの姿
- ○友達や保育教諭と一緒に雪遊びを楽しむことができる。
- ○いろいろな行事に期待を持ち、楽しみながら参加することができた。
- ○感染症予防になることを知り、うがい、手洗いを行うが、水の冷たさから雑になってしまう子も見られた。

月のねらい
- ○生活習慣が身に付き、伸び伸びと行動する。　○冬の自然に興味を持って行動する。
- ○製作活動を楽しむ。　○友達と保育教諭に見立ての触れたり正月遊びも関心を持つ。

		ねらい	環境・構成	予想される子どもの活動	配慮事項
養護	生命	○感染症予防のため、手洗い、うがい、衣服の調節の大切さを知らせていく。○防寒具の始末が身に付くようにする。○トイレの正しい使い方を知らせ、冷えから遊びにならないようにする。	○室内換気をこまめに行うとともに、ペーパータオル、紙コップを用意しておく。○ぬれた手や衣服を干すためのハンガーを用意する。○トイレを清潔に保ち、便座はその都度消毒する。	○自分で気付いたり促されたりして、うがい、手洗いを丁寧に行う。○防寒着の始末を保育教諭に手伝ってもらいながら自分で行う。○自分の意思で排泄をする。	○うがい、手洗いの大切さを、保育教諭と一緒に実践し知らせる。○トイレは遊ぶところではないことを知らせ見守っていく。○防寒具の扱いを丁寧に、分かりやすく言葉を添えて丁寧に知らせていく。
	情緒	○寒いやでも積極的に外に出て、健康な体づくりをする。○休み明けの不安や不安定を保育教諭に受け止めてもらい、体調に留意しながら安心して過ごせるようにする。	○生活リズムを整えられるよう時間配分を工夫しゆったりと過ごせるようにする。	○休み中の出来事を話したり聞いたりして楽しむ。○いろいろなことが、自分でしようとしてできるようになり、友達同士で見せ合って喜ぶ。	○一人一人の体調に気を配るとともに、自分からの体の異常を訴えることができるように接していく。○成長の変化をいろいろな場を通じて伝え、大きくなった喜びを言葉にできるように知らせる。
教育	健康	○戸外やホールで存分に体を動かして遊ぶことを楽しむ。○身の回りの始末を丁寧に行う。	○遊ぶ前には必ず遊具の安全を確認する。○子どもの発達に合わせて運動器具を準備する。○室内の整理整頓を行う。	○走ったり、簡単なルールのある遊びをくり返し楽しむ。○できたことを保育教諭に知らせるように報告に来る。○使った遊具を元の場所に戻す。	○楽しく遊ぶ保育教諭の姿を見て、子どもが遊びたくなるような雰囲気をつくっていく。○持ち物の始末の仕方をみんなで確認し、丁寧に扱うことを意識付けていく。
	人間関係	○自分の思いを伝えたり友達の考えを受け入れたりして遊ぶ。○簡単なきまりを守る。○友達の正しい使い方を我慢しなくてはならないことがあることを知る。	○小さなグループでの遊びが広がるような遊び、用具を整える。○子どものがんばりや優しい行動などを取り上げ、みんなに伝えることで友達関係に気付けるようにする。	○使っている玩具をゆずるなどの優しさが見られる。○きまりを守っていない友達に知らせてあげる子もいる。○保育教諭や友達と簡単なルールのある遊びを楽しむ。	○保育教諭が遊びを共有したり、働きかけたりして、友達とかかわって遊ぶ楽しさや雰囲気を味わえるようにする。○一緒に遊びながらルールの大切さを知らせ、楽しく遊びが継続するように仕立てていく。
	環境	○冬の自然に触れたり、感じたりして遊ぶ(雪・氷・寒さ)。○ごっこ遊びを存分に楽しむ。○かるた遊びを通して数やひらがなに興味を持つ。	○雪遊びが楽しめるように、ソリやスコップを用意する。○手袋や帽子のカバーを忘れた時のために予備を準備する。○カルタづくりが楽しめるように、十分な材料を準備する。	○友達や保育教諭と一緒に雪だるまをつくったり滑り台したりして楽しむ。○カルタでは、まだ文字が難しいが、絵札を目かるたでつくることで、興味を持って楽しむ。	○雪遊びが十分に楽しめるように、一人一人の身支度をしっかり整える。○文字に興味を持てるように、絵札の頭音文字遊びをくり返し楽しむ。
	言葉	○正しい言葉遣いや挨拶を身に付ける。○日本の出来事や文化に触れる(七草がゆ、鏡開き)。○季節の行事に関心を持ち、絵本や紙芝居を見たり、知っていることを言葉にしたりして楽しむ。	○楽しかった出来事などを話す場を設ける。○伝統行事の由来や季節の意味を持てるような言葉で伝え、興味や関心が持てるような絵本や紙芝居を用意しておく。○本棚の絵本を、季節の行事に関する物に入れ替える。	○挨拶の大切さが分かり、元気に挨拶をする。○お正月休みや冬の楽しかったことを、進んで話す。○絵本に興味を持ち、絵本や紙芝居を集中して見る。○カルタづくりに関して積極的に発案する子がいる。	○子どもの会話に耳を傾け共感し、会話する楽しさを十分に味わえるようにする。○子どもたちの気持ちをくみ取り、言葉を用いて表せるようにかかわっていく。
	表現	○いろいろな素材を使い、かいたりつくったりすることを楽しむ。○季節の歌や手遊びを楽しむ。○ピアノに合わせて体を動かし、様々なリズム遊びを楽しむ。○身の回りの補給を自分で行う。	○正月遊び、節分のお面づくりの材料を用意する(はさみ・のり・クレヨン・画用紙・折り紙・フェルトペン・油性マーカー)。○製作は少人数のグループで行う。	○できあがった作品を見せ合う。○作品を使ってホールで展開して楽しむ。○友達と合わせて歌うことを楽しむ。また、表現する姿をお互いに見合い楽しむ。	○つくったり、歌ったり、完成度よりその過程を大切に受け止める。○友達と協力してできたことをほめ、達成感を味わえるようにする。
食育		○正しい姿勢で食事をとることを意識する。○日本の伝統的な食文化に触れる(七草がゆ、鏡開き)。○食べ物に興味を持ち、苦手な食べ物にも挑戦する。○食材を洗ったり、皮をむいたりから、給食に関心を持つ。	○お屠料理、七草がゆ、お汁粉などの伝統的な食べ物や苦手な食べ物にも関心を持つことができるように、絵本、紙芝居などを用意しておく。○食器は同じ大きさでも重ねることに気付けるようにする。	○お正月に食べた品を絵本の中から探したり、食べた感想を話し合う。○苦手なものでも興味を持って食べられるようになる。	○アレルギー除去の手順をしっかり守り、安全に留意する。○献立名にも使われている食材を知らせ、興味を持って食べられるように言葉を添える。○食事のマナーをその時間内に食べ終えられるように知らせる。
健康・安全		○安全に遊びを楽しめるように、ルールを確認する。○避難訓練に真剣に取り組む。○防災ずきんの始末を丁寧に行う。	○安全に遊びを楽しめるように、ルールやコーナーを確認する。○防災ずきんの始末を丁寧に行う。○防災さんが移動する。	○保育教諭の指示で防災ずきんをかぶり、机の下に入ったり、避難移動したりする。○防災さんを確認したりコーナー移動をしたりする。	○災害時の避難訓練に関して、真剣に取り組むことの大切さを、その都度くり返し自分から災害に気付けるように知らせていく。○日々の生活、遊びの中で、約束を守ることの大切さを場面を通して知らせる。

気になる子への対応
Kくん…活動間の準備など、全体の流れだけでは理解が難しい。困っている表情を読み取り、個別に分かりやすいように言葉を添えて伝える。言葉で伝えることが難しいので困っているときには、行動の指示を分かりやすく、一つ一つ知らせていく。
Hくん…食事の際、白飯しか食べないことが多く、好き嫌いが激しい。食べ物に興味を持って自分から手に取ることが少ない。

保育教諭の自己評価
○生活習慣における身の回りの始末では、マイペースとなりがちな子は、周りを見ず、周りの様子を見ていくという意識をなかなか持てられなかった。生活の流れの中で自分の行動に自信が持てるように、がんばれたことをほめ、目標意識を持って取り組めるよう促していきたい。
○雪遊びでは、ソリに乗り、友達と協力して行うなど、同じ遊びを楽しめ、異年齢児とかかわる姿から広がりを持って遊んだりする姿も見られた。
○正月遊びでは、かるた遊びが子どもの興味が低いものの、言葉の理解度が低いものもいたが興味に合わせて行いたい。

子どもの評価
○身の回りの始末は、素早く丁寧にできる子が増えてきている。しかし、いつもマイペースとなりがちな子は、周りの様子を見ず、周りの様子を見ていくという意識をなかなか持てていない。
○雪遊びでは、ソリに乗ったりはうまく分け合って行ったりして楽しんでいた。
○かるた遊びは、同じ言葉の頭文字から自分たちでのかるたづくりへと発展、文字への発展、文字への興味や広がりを持った。

2月　月間指導計画案

20XX年度　3歳児　○○○ぐみ

園長	主任	担当

行事
- ○避難訓練（火災）
- ○食堂ごっこ
- ○記念写真
- ○豆まき会
- ○誕生会

保護者支援
- ○進級や就学に対する不安だけでなく安を出せなくても安心感を持てることを保護者に伝えていくことに、保護者の不安な気持ちも受け止め、園と家庭の様子を情報交換していく。
- ○生活遊び等を通して、こどもを園に協力して取り組んでもらえるように伝える。
- ○インフルエンザなどの感染症の情報を知らせ、手洗い、うがいなどの子防策や対応を家庭に伝えていく。

これまでの子どもの姿
- ○数字やひらがなに興味を持ち、カレンダーに日を向けたり、絵本から自分の名前の文字を見つけたりする。
- ○手洗い、うがい、歯磨きや衣服、持ち物の始末など、見通しを持った生活を自分で過ごせるようにしている。
- ○冬の自然に触れ親しみながら、元気よく体を動かして遊ぶ。
- ○コーナー遊びの道具の入れ替え再提供を通して、自分の力での遊びや遊びの深まりを感じる。
- ○異年齢児との交流を楽しみ、行事を通して深まりを深める。

月のねらい

	ねらい	環境・構成	予想される子どもの活動	配慮事項
養護：生命	○凍結や雪などの危険な場所や雪道の歩き方を知らせていく。○手洗い、うがい、歯磨きなどを行い、健康的に過ごせるようにする。	○雪遊びでは部屋の中や地面の凍結など、危険な場所を確認し安全な環境を整える。○衣服の調節に関するポスターなどの掲示の場所を自分でしせ防寒の意識を高める。	○危険な場所を知り、安全に遊ぼうとする。○外遊び後、排泄後 食事の前の手洗い、うがいを行う。	○子どもと一緒に危険箇所を確認し合い、安全な遊び方が身につくようにする。○かぜ予防として手洗い、うがい、消毒を進めるとともにくり返し伝え、進んで行う意欲を持てるようにしていく。
養護：情緒	○進んで身の回りのことを行う姿を認め、自信が持てるようにする。	○進級するクラスの違いに気付けるようにしたり、異年齢交流する場を設け、進級への期待や意欲につなげる。	○進級するクラスで異年齢児と一緒に当番活動や食事をしたり、遊びを楽しんだりする。○身の回りのことを自分で行う。	○異年齢児と交流することで、憧れや目標を持てるようにする。○一人一人の身の回りのことができているかを確認し、できたことを喜び、自信を持てるようにする。
教育：健康	○寒さに負けず戸外で体を十分に動かして元気に遊ぶ。○生活の仕方を知り、自分たちで生活の場を整えながら見通しを持って行動する。	○体が温まるよう様々な遊びの準備をしておく。○生活習慣について子どもたちと一緒に振り返り、具体的に見直す場を持つ。○自ら片づけやすいように整理する用具や用品などの準備を持つ。	○雪遊びや友達と一緒に体を動かして遊ぶ（雪合戦、ソリ滑りなど）。○衣服の着脱を自分で行い、裏返しを直したり、たたんだりすることを自ら丁寧に行う。	○保育教諭や友達と一緒に体を動かす心地よさを感じられるようにする。○一人一人の生活習慣の課題を見直し、自分でできた満足感や達成感を感じられるようにしていく。
教育：人間関係	○共通のルールを守ったり、協力して意欲的に活動する。○友達との遊びの中で相手の思いに気付き合って我慢することを知る。	○自分たちで見通しを持ち、目的を持って進めていけるように見える形に貼っておく。○共同の物の大切さや約束事を理解し、道具や玩具など互いに譲り合ったり、友達と楽しく遊べる順番表などを知らせ機会を持つ。	○目的を持ってみんなでごっこ遊びができるよう、友達と一緒に協力して楽しく遊ぶ。○共同の物の大切さや約束事を理解し、道具や玩具などを使う順番を待ったり、ゆずり合ったりして仲良く遊ぶ。	○友達とかかわって遊んでいる姿を認め、友達と一緒に協力して取り組んでいる姿を知らせていきながら、友達の思いに気付いて立ち回れるようにする。○友達とかかわって遊ぶ中で、相手の思いに気付いて譲り合える言葉掛けができる仲立ちをしていく。
教育：環境	○冬の自然に親しみ、雪の結晶や氷の不思議や美しさに気付く。○様々な用具、材料に触れ、それを使って遊びを楽しむ。	○自然の中で感じて興味が広がるよう絵本や図鑑を用意しておく。○様々な種類の遊びに必要な、コーナー遊びの教材を準備する。	○自然の中にある疑問に思ったり、不思議に感じたりした物を絵本や図鑑で調べる。○たくさんの種類の形や数の中から似ている物を探したり、違いを感じて遊ぶ。	○子どもの発見や驚きを受け止め共感し、冬の自然事象に興味を持って調べていけるよう、興味に関心を持ってかかわる。○冬の自然事象に興味を持ち、自分の遊びを広め、自分の力で遊べるようにする。
教育：言葉	○文字遊びや言葉遊びを通して、文字に興味を持つ。○友達と思いを伝え合いながらコーナー遊びを楽しむ。	○文字や数遊びが楽しめるような、かいたりかかれたりの思いやりを持って話したりできる絵本や図鑑などを準備する。○コーナー遊びで子どもたちの思いや感じたことなど、ゆっくり話せるような雰囲気づくりをする。	○絵本から自分の名前や言葉を探したり、郵便やごっこやカードゲームなどを通して、言葉や文字に興味を持つ。○コーナー遊びで友達との話し合いを聞くことで相手の思いに気付けるようにする様々な活動を楽しむ。	○基本的な言葉のやりとりを見守る部分は援助し、文字にも興味も持たれるようにしていく。○子どもの表現しようとする気持ちを大切にし、保育教諭からも必要に応じて言葉を補い、やりとりを楽しめるようにする。
教育：表現	○様々な素材を使い、イメージをふくらませ道具づくりをする各コーナー。○様々な遊びの中で道具づくりを楽しむ。○友達と一緒に歌を歌ったり、楽器を鳴らしたり、コーナー遊びを楽しむ。	○各コーナーで使う道具づくりに必要な様々な材料を用意する。○リズムがとりやすい曲や歌う、いろいろな楽器を用意する。	○イメージした物で遊びに必要な物をつくる。○友達と一緒につくった物で、各コーナーの遊びを楽しむ。○リズムの楽しさを味わいながら、季節の歌や歌を歌う。	○共通の感覚があるよう、言葉のおもしろさや、リズムを一緒に楽しんでいけるようにする。○子どもの表現を大切にし、保育教諭も一緒に歌を歌ったり、楽器を鳴らし、表現する楽しさを共有する。
食育	○豆まきに使う大豆か、様々な食品に使われることや、豆の種類があることを知る。○食事中のマナーを確認し雰囲気よく食事をする。	○豆まきに使う大豆が、様々な食品に使われることや、豆の種類があることを知る紙芝居や絵本を用意する。○みんなで食事のマナーについて確認する機会を持つ。○食事のマナーに関するポスターなどの掲示物を通してマナーへの意識を高める。	○食品カードで自分の食べた物の数だけ食べられるようにしようぶにする。○保育教諭やお友達など様々な遊びや食事や箸の持ち方の手本を見て、やってみようとする。	○節分の由来や豆まきの食べる数だけ食べしようぶにし、長生きができるなど言われていることを知らせていく。○箸を正しく待てないうちは手を添えて正しい待ち方を示したり、箸遊びを取り入れ、楽しく身につけられるようにしていく。
健康・安全	○個々の体調を把握し、環境を整え、感染症予防に努める。○避難訓練（火災）を行い、避難経路を確認しながら安全に避難する。	○空気が乾燥し感染症が流行する時期なので、室内の換気や温度、湿度を確認する。○感染症予防に、消毒液やマスクを用意する。○火事の怖さを伝えるために紙芝居や絵本を用意する。	○手洗い、うがいの大切さが分かり、丁寧に行う。また、感染予防の意味が分かり、自ら消毒する。○危険な場所を理解し、保育教諭の指示を聞いて落ち着いて楽しく避難する。	○一人一人の表情や体調を常に把握し、インフルエンザや感染症予防の早期発見と対処する。○避難訓練では（お・か・し・も）の約束をしっかりと伝え、守っていけるようにする。○火災の怖さをくり返し知らせ、命の大切さを伝えていく。

気になる子への対応
Rくん…話を最後まで聞けず、思いついたことを大きな声で大人びに話すため、話を聞く時はどうするのかを確認したり、絵カードやタイマーやエプロンシアターなど、話が見えないために興味が広がるため、結果探りに興味が広がり、虫めがねで観察しては知らせる物を科学絵本を図鑑で子どもと一緒に調べていく。
Dくん…次の活動の見通しが立つことで行える。活動の切り替えができないため、終わりの時間が明確にわかるようにしている。

保育教諭の自己評価
- ○事前に傘などの材料を発見し、雪以外の物を見つける。雪以外の水や傘柱など様々な発見に驚き不思議への興味が高まった。
- ○基本的な生活習慣が確認できるように、虫めがねで観察しては知らせる物を科学絵本を図鑑で子どもと一緒に調べていく。
- ○児のお面を製作したり、豆まき会に参加したりしたことで、伝統文化に興味を持つことができた。

子どもの評価
- ○雪の結晶を虫めがねで観察し、興味が深まり、雪以外の水や氷柱などの様々な発見に驚く。積極的に観察し探求心を高めることができた。
- ○雪合戦やソリ滑りなどを様々な雪遊びを保育教諭と一緒にすることで、冬が苦手な子も雪遊びを楽しんだ。
- ○遊びや生活の中で、生活習慣、食習慣（着脱・片づけ）を自分で意識して行う保育教諭の言葉かけにより自ら置こうとすることができるようにす。
- ○豆まき会に参加したことで、伝統文化への興味を深めている。

3月　月間指導計画案

月間指導計画案

20XX年度　3歳児　○○○ぐみ

園長	
主任	
担当	

行事
- ○ひなまつり会
- ○避難訓練
- ○お別れ遠足
- ○ふれあい動物園
- ○身体測定
- ○卒園式
- ○わらべ歌
- ○誕生会

これまでの子どもの姿
- ○身の回りのことが自分でできるようになり、保育教諭に認められることに喜びを感じている。
- ○友達とのトラブルも多いが、相手を思いやる気持ちも見られる。
- ○4・5歳児との関わりを通して、進級することへの期待や憧れを持ち始めている。
- ○遊びの中で音楽に合わせて通ったり歌ったりすることを楽しんでいる。

月のねらい
- ○成長の喜びを感じながら自分でできることに自信を持ち、進級に期待を感じる。
- ○身近な春の自然に親しみながら、春の訪れを感じる。
- ○自分の思いや思い出を持って、豊かに表現する。

		ねらい	環境・構成	予想される子どもの活動	配慮事項
養護	生命	○安心感を持って生活し、いつもの遊びを継続していけるようにする。 ○心地よい気候の下で体を動かし、心身ともに開放的に過ごす。	○一人一人が落ち着いてゆっくりと遊べる環境を整える。 ○天気のよい日を見計らい、戸外の活動を行いながら適度な休息がとれるようにする。	○気に入った遊びを見つけ、気の合う友達とともに遊ぶ。 ○園庭で仲間と思いきり走ったり、体を動かしたりして楽しむ。	○安定した気持ちで生活し、伸び伸びと過ごせるようにする。 ○開放的に遊び、楽しめたことに共感し心身を健やかに育む。
	情緒	○自分でできるようになったことを十分に認め、自信につなげる。 ○子どもの思いに寄り添い、安心して自分の気持ちを表現できるようにする。	○意欲的な生活に欲求が向くよう環境を整えていく。 ○保育教諭に欲求を伝えたり理解してもらう経験が十分にできる。	○進級することに期待を持ち、伸び伸びと活動する。 ○欲求を思うように言葉で伝えられなくても、保育教諭から気持ちを汲みとってもらいながら、受け入れられて安心する。	○ともに生活をする中で、進級に対しての期待が持てるような働きかけをしていく。 ○子どもの欲求をいつでも十分に受け入れることができるよう、一人一人の情報を他のクラスの保育教諭と共有する。
教育	健康	○生活に必要なことを自ら進んで行う。 ○順番ややまりを守ることに気付き、くり返し行うことで安全に過ごせるようにする。	○室内環境を整え、子どもたちが自分で動いて準備をしやすいように工夫する。 ○滑り台やブランコなどの順番や遊び方のきまりを守り、年中児が守っていることに気付くようにする。	○身の回りのことが自分でできるようになり、丁寧にしようとする気持ちを持つ。 ○遊びの中で保育教諭と遊ぶ方のきまりを、年中児に順番やきまりを教わり、その後で守ろうとする。	○生活に必要なことの身の回りの始末についても再確認し、丁寧にできるようにする。 ○保育教諭だけが対応するのではなく、異年齢児との関わりによって生活を生き生きと自己が発揮できるようにする。
	人間関係	○卒園式を通して、年長児に憧れの気持ちを持つ。 ○自己を十分に発揮しながら、当番の仕事を友達と一緒に行う。	○卒園式やお別れ会などの行事に参加し、年長児の卒園を祝う。 ○当番の仕事をすすめるように、保育教諭が伝えていく。	○お兄さん、お姉さんにあこがれを持ち、まねをしようとする姿がある。 ○当番の仕事をしている様子を見て、自分の番がくることに期待する。	○交流の場を大切にしていく。 ○当番の仕事や手伝いをしてくれたことに対して感謝の気持ちを表し、自己から生き生きと遊びに向き合えるように整える。
	環境	○進級に向けて、年中児の部屋や生活の流れを知り期待を膨らませる。 ○戸外でのごっこ遊びや遊具を使って経験したことをもう一度体験し、満足感を味わう。	○日常生活や遊びの中で、年中児の生活リズムや生活の場を取り入れる。 ○身近な道具を使って遊びを楽しめるようにする。	○年中児の部屋へ行き、遊具に興味を持つ。また年中児と同じ生活リズムを味わうことで、友達と進級への期待を共有する。 ○ごっこ遊びの中で、体験したことをイメージして遊ぶ。	○新しい年度に、大きくなるという意識と期待を持てるような言葉を掛ける。 ○遊びや環境を、最近していることに合わせて遊べるようにする。
	言葉	○お別れの言葉を覚え、元気よく言う。 ○周囲への関心が強まり「どうして」と質問する。 ○正しい言葉遣いで話そうとする。	○会話を通してのコミュニケーションの仕方を知らせていく。 ○思いを表現する場を設けて「どうして」と質問できるようにする。 ○いつでも質問ができるように保育教諭がいるようにする。	○やり取りを通して人に思いを伝えたり、手を挙げて自分の意見を発表したりする。 ○質問への対応を十分にしてもらい探究心を持てるようにする。	○集まりなどで思いを発表する場を設け、自信につながるような声掛けをする。 ○質問の背後にある思いや環境を理解しながら対応し、探究心に応答できる満足を感じる。
	表現	○友達と歌を歌ったり、音楽に合わせて体を動かして遊ぶ。 ○気に入った歌を何度も繰り返し歌うことや、絵本を読んでもらうことを楽しむ。 ○ルールを守りながらごっこ遊びやゲームを楽しむ。	○季節の歌ややわらく歌うなど、音楽に合わせて歌ったりする。 ○ころろから、身近な言葉や季節の内容の歌を歌ったりする。	○覚えた歌をやわらく歌うなど、日常の合間でも友達や保育教諭と口ずさんで楽しむ。 ○気に入っている歌を、くり返し保育教諭や友達と歌ったり、好きな絵本を読んでもらったりして満足する。	○季節の歌やわらやか和やかな雰囲気づくりに努める。 ○心を込めて歌ったりお祝いの言葉を言ったりすることで、相手に気持ちが伝わることを知らせていく。
食育		○楽しい雰囲気の中で食事をし、マナーを身に付ける。 ○苦手な食材でも自分から食べてみようとする。 ○年長児と一緒に食事をすることを喜ぶ。	○食材に興味を持ち、食べることを楽しむ。 ○食事の準備や後始末ができるように設定する。 ○広いスペースでゆったりと食べられるように設定する。	○食欲も出ておかわりをして子どもが増えてくる。 ○楽しい雰囲気の中でおいしく食べる。	○食べようとする意欲を大切に、楽しく食べられる雰囲気づくりを行う。 ○異年齢児との楽しい食事となるよう、一緒に準備をするなどかかわりを持てる場をつくる。
健康・安全		○春に近付くにつれ、季節の移り変わりの変化があることを体で感じる。 ○戸外遊びの中で自ら難しいことに挑戦し、それを乗り越えていくことに気付く。	○寒暖に応じて衣服の調節をしていく。 ○戸外で死角ができない位置に配置して、遊ぶ子を見守る。	○その日の天候に合わせて、自分で防寒着を身に着けるようにする。 ○難しいことに挑戦できると、言んで保育教諭に伝える。	○一人一人の健康状態を把握した対応に努める。 ○挑戦していることは、できるだけ見守り、経験によって培われる自己防衛力を身に付けられるようにする。

保護者支援
- ○一年間の子どもの成長を保護者とともに喜び合い、感謝の気持ちを伝える。
- ○進級に向けて不明な点がないようにし、個別の相談や希望する保護者がいたら応じていく。

気になる子への対応
- Aくん…初めてする活動に対して不安になることが多い。保育教諭が近くについて声を掛けるなど配慮することで、安心して取り組み、始められている。
- Mさん…遊びの妨げになるような要求が通らなかったりすると、一変して不安定な活動を行うことがあった。子どもたちの気持ちを理解し受け止めながら、Mさんに対応の方法をくり返し伝えていく。

子どもの評価
- ○できることも増え、いろいろなことにチャレンジする姿が見られた。進級を心待ちにしているので、年中組でも個々のペースで育がぱっていってほしいと思う。
- ○楽しみで戸外遊びを楽しんでいたが、一人一人で衣服の調節を楽しむ姿も見られる。声を掛けながら行っていきたい。

保育教諭の自己評価
- ○進級を見越して、意欲的に活動できるような取り組みを、安心して行えるよう配慮することを意識して日々の活動を行ってきた。子どもたちが安心して行える活動をくり返し丁寧に伝えていった。
- ○個々の成長をペースとともに喜び合えた。引き続き継続した活動を行っていきたい。

本格的な集団教育の始まり

日本の教育のスタートは、学校教育法では満3歳児（通常2歳児）とされています。よって現行の幼稚園では、3歳児保育を2年行うこともあります。

通常、2歳児クラスは個人的な対応による結果としての集団と考えますが、3歳児クラスは集団保育のなかでの個人への教育と考えるべきだと思います。

幼稚園、保育所、認定こども園など施設によって多少の差異はあるとしても、本格的な集団教育はここから始まるものといえます。

個別から集団教育へ

平成27年度から始まった「子ども・子育て支援新制度」に伴って、「集団教育」へのニーズや期待がさらに高まりました。新幼保連携型認定こども園の設置（この場合は保育所からの移行）によって、学校教育法に位置づけられた就学前の子ども数（旧幼稚園児）は、大きく増加しました。

3歳児の集団教育と生活面の自立支援

０歳児から積み上げられていく保育は、満３歳になると個別の保育から徐々に集団教育へと移行して、全員が３歳児になる春には集団教育へ進みます。集団教育といっても、集団における個人への教育となることを十分に踏まえて、進める必要があります。

幼稚園での養護を前提とした教育、また保育所・認定こども園における養護と教育の一体化を進めるにあたり、この３歳児の時期には養護面に配慮した取り組みが求められます。つまり生活面などの自立支援や環境設定はしっかりと行う必要があるのです。

一方、保幼小の連携が推奨されている現在において、小学校への接続を意識した取り組みが３歳児から進められることも当然のことでしょう。これらのことを念頭に置きながら、ここでは、幼稚園の場合は新入園児としての３歳児、保育所・認定こども園の場合は継続園児としての３歳児を想定して示していきます。具体的には、幼稚園では入園時満３歳児の問題や、保育所・認定こども園では継続園児に新入園児が加わることへの配慮が挙げられますが、園によっては異年齢児保育をしているところもあり、それぞれ違う環境での保育が展開されています。

3歳児にとっての養護と教育

養護面について、保育所保育指針と認定こども園教育・保育要領に基づいて説明します。

保育所保育指針では、養護は子どもの発達を鑑み、生命の保持と情緒の安定を図るために保育士等が行うこととしています。そのねらいは、生命の保持では、1）快適な生活 2）健康・安全 3）生理的欲求の充足 4）健康増進の支援となり、また、情緒の安定では1）安定感 2）気持ちの表出 3）他者に認められること（自尊心、自己肯定感）4）心身の疲れの癒し、となります。これらのことは、集団ではなく一人ひとりの子どもにきちんと焦点を当てることが重要です。本書では養護の一部についても記載しています。

続いて本書では教育の視点である5領域について説明します。5領域とは健康・人間関係・環境・言葉・表現です。小学校の教科がそれぞれ独立しているのに対して、これらは領域と呼ばれ、それぞれが重なりあっており、その評価は心情・意欲・態度で示されます。環境との相互作用で、豊かな心情・意欲・態度を身につけ、新たな能力を獲得していく過程を発達としているので、発達も教育によって育まれると考えられます。

養護は保育者が主体であるのに対して、教育は子どもが主体です。よって子どもが主体的にかかわる環境をどう設定していくのかが大きな焦点になります（48ページ参照）。また、領域別のねらいなどを鑑みながら、幼稚園では教育課程、保育所では保育課程、認定こども園では認定こども園教育・保育要領をつくりますが、そのそれぞれが年間指導計画などにつながっていきます。本書では5領域における教育の一端を紹介していますが、前述したようにほかの領域とも重なりあってかかわっているので、重複する点もあります。

食育と養護、教育の5領域

食育について考えるとき、基本的にはその内容に沿って養護や教育に分けるべきとされています。しかし幼稚園の場合、食育は健康に分類されていますし、保育所・認定こども園においても全体の食育計画や年齢別での対応が多く、領域別で示されることはほとんどありません。そこで、本書はあえて食育を養護と5領域で説明しています。食育が保育生活から分離されないように配慮することも、大切なことだと思います。

3歳児はまだまだ月齢差も大きく、養護面の支えを必要とします。基本的生活習慣を確立しつつ、集団教育により社会性を育みながら、一人ひとりの子どもに質の高い教育を保障していくことが望まれます。

基本的生活習慣

3歳児になると、不完全ながらも身の回りのことを進んでやろうとします。そこから、自分でできるという自信が生まれます。小さなことの積み重ねを、大きな自信につなげるような援助が必要です。

● 食事のマナーを身につける

・箸などの使い方　・食べ方　・片づけ方

● 快適に眠る

・一定の睡眠時間　　・友だちといっしょに眠る

● 衣服の着脱ができる

・表裏の見分け　・ボタンのとめはずし　・たたみ方

● トイレで排泄ができる

・トイレットペーパーの使い方　　・手洗い

健康・安全・食育

現代は子どもを取り巻く環境が多様化しています。子どもたちの健康や安全確保のため、細やかな配慮を心がけましょう。また、健康な食生活は、子どもたちの心と体の成長をつちかう大切なものです。栄養面だけでなく、みんなでおいしく食べることも重要です。

● 身の回りを清潔にする

・清潔にする方法を知り、感染症を予防

● 安全に気をつけてあそぶ

・危険に気づく　　・安全点検

● 避難訓練・防災訓練

・火事、地震、不審者に備えた訓練

● 楽しく食べる

・好き嫌いをしない　・みんなと食べる楽しさを知る

環　境

子どもたちは、周りの環境から大きな影響を受けています。人的環境、物的環境、社会環境、自然環境など、すべてが大切です。日本には四季があり、美しい自然があります。自然とのふれあいは、貴重な環境づくりです。子どもたちが健全に育つよう、積極的に自然にかかわれるようにしましょう。

自然とのかかわり
・ふれあってあそぶ

飼育や栽培
・動植物の飼育、栽培　　・成長を喜ぶ

あそび

好奇心旺盛であそびに意欲的になり、興味を持てば集中できるようになります。ぶつかりながらも友だちを求め、いっしょにあそぶ楽しさがわかってくる時期です。いろいろなことをたくさん体験できるようにしましょう。

戸外あそび
・散歩　　・遊具　　・水や砂

造形
・作る楽しさを知る　　・完成した喜びを味わう

ごっこあそび・模倣あそび
・ままごと　　・劇あそび

リズム音楽
・楽器　　・ダンス

学校教育法が定める幼稚園と
児童福祉法に基づく保育所、
認定こども園法に準じる認定こども園

幼稚園と保育所、認定こども園はその制度上目的を異にするもので、それぞれの制度のなかで整備充実に努めてきました。一方、いずれも就学前の幼児を対象としていることから、類似した機能を求められることも事実です。保育所、認定こども園も、義務教育及びその後の教育の基礎をつちかうものとして、幼児を保育していく必要があります。

3歳児の集団教育と生活面の自立支援

学校教育法は、昭和22年3月31日に教育基本法（後に全文改正）と同日に公布、同年4月1日から施行された法律で、日本の学校制度の基本を定めているものです。

学校教育法
第一条
この法律で、学校とは、幼稚園、小学校、中学校、義務教育学校、高等学校、中等教育学校、特別支援学校、大学及び高等専門学校とする。
第三章　幼稚園
第二十二条
幼稚園は、義務教育及びその後の教育の基本を培うものとして、幼児を保育し、幼児の健やかな成長のために適当な環境を与えて、その心身の発達を助長することを目的とする。

児童福祉法
第三十九条
保育所は、保育を必要とする乳児・幼児を日々保護者の下から通わせて保育を行うことを目的とする施設（利用定員が二十人以上であるものに限り、幼保連携型認定こども園を除く。）とする。

認定こども園法※
第二条
6　この法律において「認定こども園」とは、次条第一項又は第三項の認定を受けた施設、同条第十一項の規定による公示がされた施設及び幼保連携型認定こども園をいう。
7　この法律において「幼保連携型認定こども園」とは、義務教育及びその後の教育の基礎を培うものとしての満三歳以上の子どもに対する教育並びに保育を必要とする子どもに対する保育を一体的に行い、これらの子どもの健やかな成長が図られるよう適当な環境を与えて、その心身の発達を助長するとともに、保護者に対する子育ての支援を行うことを目的として、この法律の定めるところにより設置される施設をいう。

※「認定こども園法」の正式名称は、「就学前の子どもに関する教育、保育等の総合的な提供の推進に関する法律」です。

教育の始まりの年齢設定

小学校までに子どもたちに身につけてほしい「3つの力」として、

1．生活する力　　2．かかわる力　　3．学ぶ力 があります。

生活する力とは「生活やあそびのなかに変化や区切りを設け、基本的な生活習慣を身につけること」
かかわる力とは「あそびを通し、人や自然とかかわる力を育てること」
学ぶ力とは「学習の基盤づくりができること」です。

それでは、この3つの力の基礎はいつごろから育っていくのでしょうか。

乳幼児期は、生涯にわたる生きる力の基礎がつちかわれる時期です。特に身体感覚を伴う多様な経験が積み重なることで、豊かな感性とともに好奇心、探究心、思考力が養われます。
3歳児は、基礎的な運動能力が育ち、歩く・走る・跳ぶ・押す・引っぱる・投げる・転がるなどの基本的な動作がひと通りできる年齢といえます。
人とのかかわりは、一人ひとりが安定する時期から、自己を発揮する時期、そして、協同的な学びが可能となる時期へ移行し、小学校へ進むものと考えられます。小学校では座学での学習が中心となり、クラス単位の活動を中心としているので、学校生活や集団生活にうまく適応するためには、人とかかわる力を持つことが必要不可欠となります。
協同とは、共に心を合わせて助けあって仕事をすることですが、それが可能となるのは5歳前後です。しかし、協同の前の段階、一人ひとりが安定したなかで、人といっしょにいる心地よさを感じ、2人以上が力を合わせることができる、いわゆる"共同"が可能になるのは3歳ごろと考えられています。
つまり、人とかかわる基盤ができるのは3歳ごろと考えられるわけです。

3歳児は義務教育及びその後の教育の基礎をつちかう力、

1．生活する力……食事、排泄、安全、防犯、公衆衛生
2．かかわる力……コミュニケーション、協同、自然とのかかわり
3．学ぶ力……文字、ことば、数、量、形

などを身につけるための活動を、保育内容に設定することが可能な年齢となるのです。

学校教育法が、幼稚園への入園を満3歳からとしている理由もここにあるといえます。

新入園児への対応

3歳から入園する子どもたちは、生まれてから入園までの多くの時間を家庭で、主に母親と過ごしています。安心できる環境のなかですくすくと育った子どもたちが、生まれて初めて母親のもとを離れて「園」という小さな社会に飛び込むわけです。なかには不安で胸がいっぱいの子どももいることでしょう。初めて我が子を自分の手元から離すことで不安を拭えない保護者もいるはずです。そんな新入園児と保護者が安心して園生活をスタートできるようにするためには、保育者はどう接すればよいのでしょうか。

1日入園

入園式を迎える前に1日入園を行います。保護者と話をし、子どもの育ちや発育状況、性格、習性及び体質、食事、睡眠、排泄、衣服の着脱、家庭環境などの細かい点を、園で定めた様式に従って詳しく調査します。また、入園する子どもと話をしたりあそんだりしながら、体やことばの発達、性格などもおおまかに把握します。これらを、特に担任の保育者が事前にしっかりと頭のなかに入れておくことで、スムーズな受け入れが可能となるでしょう。

●環境構成●

・1日入園では、事前に保護者に提出してもらっている調査票をもとに、さらに詳しい話を聞きます。また、子どものようすを把握しやすいおもちゃ、例えばままごと用品やブロック、乗り物、絵本など家庭でもなじみのあるようなものを準備しておきます。また、童謡などの曲を静かに流しておくことで、子どもも保護者も心が落ち着くでしょう。

●保育者のかかわり●

・保育者自身が明るい表情、明るいトーンで話すように心がけ、保護者が話しやすいように配慮します。また子どもには、家族のことをたずねたり、家庭であそんでいるおもちゃを話題にしたりしながらコミュニケーションを図り、発育状態や性格を把握します。ときには一歩離れてようすを見守ることで、子どもの素の姿を見ることもできるでしょう。

新入園児の受け入れ

初めて保護者のもとを離れて園に来る子どもたちは、不安と寂しさで心が押し潰されそうになっています。声を上げて泣く子、玄関から中に入って来られない子、泣くこともできずに黙りこむ子など、その姿は様々ですが、園に慣れるために

は、担任保育者との信頼関係を築くことが何よりも大切です。保護者に代わって自分のすべてを受け入れてくれるおとなの存在が、安心して園生活を送る支えになるでしょう。

●環境構成

・かばん掛け、ロッカー、コップ掛け、いす、テーブルなどには自分の場所だとわかるようマークや顔写真を貼ります。3歳児は、自分の写真が貼ってあると安心して早く新しい物に親しみを持てるようです。

●保育者のかかわり

・子どもといっしょに一つひとつの物にふれたり、場所に実際に行ったりしながら目で見て確認します。担任保育者がいっしょに確認することでひとつずつ不安を取り除き、安心感を得られるようにします。

引き出しにマーク。お片づけバッチリ！

クラスの友だちの紹介ボード。早くなかよくなりたいな！

テーブルにもいすにも顔写真。ここがわたしの場所

フックに顔写真。ここがぼくの場所

もう安心ね

男の子用トイレがあるんだって！

じょうずにできるかな？

先生に園のこと教えてもらったよ

お外から帰ったらうがい・手洗い。おうちといっしょだね

クラスの環境に慣れる

担任保育者に安心感を持てたら、次は友だちです。いっしょにあそんだり、昼食を食べたり、午睡をしたりしながら、楽しく1日を過ごしましょう。新入園児は、園生活に慣れた継続園児のなかに入っていくことに不安を感じることもあります。急がずに少しずつ、新入園児一人ひとりの性格に合わせてかかわっていくことが大切です。

環境構成

・新入園児のようすによって、保育者の立ち位置を十分に考えます。そばにつくと安心する子、離れていながらも保育者の存在を確認している子など、様々です。基本的生活習慣の指導など、そばで丁寧にかかわるとき以外は、立ち位置をよく見極めましょう。

保育者のかかわり

・慣れない園生活でも、自分でできたことの満足感を味わえるようにします。さりげない援助をしながら、できたという気持ちを繰り返し味わえるようにしましょう。友だちと同じことができるようになると、園生活の流れにのって楽しく過ごせるようになるでしょう。

保護者との連携

保護者は、自分の子どもが園でどのように過ごしているのか、不安を感じていることでしょう。登園時に泣いて離れられない場合はなおさらです。ぜひ、園でのようすを一度見てもらってください。家庭から離れた子どもたちは、意外としっかり園生活を送っているものです。少しでもその姿を見れば、安心して園に送りだしてもらえるでしょう。

生活面に関することは、具体的にその方法を伝えることが大切です。園ではどのタイミングでトイレに行っているのか、衣服の着脱にはどのようにかかわっているのかなど詳しく伝え、家庭でも同じようにしてもらいましょう。家庭と園の双方が同様にかかわることで、子どもも安心して過ごすことができるでしょう。

環境構成

・保育参観や個人面談のほか、通常保育でも気軽に子どものようすを見てもらうよう、保護者に声をかけます。来られない場合にはクラスだよりや、連絡帳などで園と家庭の情報を共有しましょう。毎日顔を合わせる保護者とは、直接話すことが大切です。

保育者のかかわり

・ほかの子どもと比較をしたり月齢にとらわれたりせず、その子の育ちや発育状況をよく見てかかわるように心がけます。また保護者の心身の状態にも十分配慮しながら、親子共に安心して園生活を送れるようなことばかけをしましょう。

集団の活動を楽しむ（保育の導入）

クラス活動：ルールをしっかり守って初めて友だちとなかよくあそべるようになります。あそびを展開する際には、ルールを守ることの大切さを伝えましょう。

異年齢活動：自分のことで精一杯の新入園児ですが、クラスから出て異年齢の子どもたちのようすを見て刺激を受けることも大切です。いろいろな年齢の友だちを見ることで園のなかでの世界がぐっと広がるでしょう。

●環境構成

クラス活動：あそびの前や途中に必ずルールの確認を。絵で表示するなど、わかりやすいようにくふうします。

異年齢活動：4歳児、5歳児といっしょに朝と帰りの会を行ったり、園内を歩いていろいろな人に会う機会を多く持つようにします。

●保育者のかかわり

クラス活動：ルールを守れたときも守れなかったときもことばにして、善悪の意識と行動が一致するようにします。

異年齢活動：異年齢児に保育者が声をかけ、親近感を持たせます。また、保育者が4歳児、5歳児のまねをして、いっしょに活動を楽しめるようにしましょう。

みんなでリトミックあそびをしよう

異年齢児といっしょに、音楽に合わせて身近な動植物を全身で表現してあそんでみましょう。

とんぼ

あひる

どんぐり

待ってね。まだだよ

継続園児への対応

3歳未満児は個々の発達の差が大きいため、集団のなかにいながら、生活の大部分が養護的かかわりでの個別保育で成り立っています。2歳児も同様ですが、2歳児後半になると子ども自身に意識の変化が見られます。自分のことがある程度自分でできるようになると、自分だけに向いていた関心が他者へと向くようになります。そんな2歳児が3歳児の生活へスムーズに移行するには、どんな配慮が必要でしょうか。

2歳児後半に身につけたいこと

自分でできることが増え、なんでも自分でやってみたい意欲が高まるとともに、基本的生活習慣を身につけていく時期です。個別の生活から集団の生活へと変わるなかでは、自分のことを自分でしようという意識と態度で、基本的生活習慣の基礎を身につけていくことが望ましいですね。

身につけたい基本的生活習慣

- ・食事では…箸を使う。食器を持つ。三角食べを意識する。
- ・排泄では…紙パンツから布パンツになる子が増えるので、排泄を知らせ進んでトイレに向かう。紙を使って拭く。
- ・衣服の着脱では…簡単なものは自分で脱ぎ着し、衣服の前後がわかる。シャツのすそをしまう。靴の左右を意識する。
- ・生活面では…自分の持ち物を出したり片づけたりでき、身支度の習慣が身についてくる。簡単な決まりがわかり、毎日の生活の流れを理解し、自ら次の活動をしようとする。

個々の発達状態に合わせて、これらがどこまで身についているかをしっかりと見極め、個別にかかわりながら丁寧に確認し、対応します。「3歳児クラスへの進級までにここまでは」という目標を持ち、個別に丁寧にかかわりましょう。これらのことがおおよそ身につき、意欲的に生活している状態が望ましいといえます。

ひとりでできることが増えると、周りを意識しはじめみんなと同じことをしようとします。また、友だちへの関心も高まり集団活動を楽しむようになってきます。個々の発達の違いに配慮しながらも、個の活動から集団での活動の楽しさまで経験できるようにしていくとよいでしょう。

●環境構成●

- ・次の活動を全体に呼びかけ、保育者が手本を見せる。補助が必要な子のそばにつく。
- ・コーナーあそびで個別にかかわる。
- ・イラストや写真で手順や流れを提示する。
- ・トイレの出入り口には一列に並べるよう、並ぶ位置を示したマークなどを床に貼り、入り口と出口を分ける。

●保育者のかかわり●

- ・一人ひとりの発達状況を見極め、適切にアドバイスや援助をしていく。
- ・生活技術が身につきつつある子には、習慣になるよう丁寧に手順ややり方を伝えながら見守り、必要に応じて援助する。
- ・箸の使い方など、身につけるのに時間を要する子には、コーナー保育などのあそびに取り入れ、個別にかかわる。
- ・ひとりでしようとしていることを認め、ほめたり励ましたりしながら意欲や自信が持てるようにしていく。

3歳児クラスの生活へ

　3歳児は集団保育へ移行し、集団での活動に慣れ親しんでいく時期です。2歳児後半になると友だちを意識し、好きな友だちといっしょにあそびたい、みんなと同じことを楽しみたいという気持ちが育ってきます。その気持ちを受け止め、2歳児後半から徐々に集団保育の経験を積むことが、スムーズな移行につながります。3歳児クラスの担任と連絡をとりあい、部屋を借りたりその生活を体験したりして、徐々に3歳児クラスでの活動の時間を延ばし、回数を増やすことで、自然に親しんでいけるように設定してみましょう。

●環境構成

- ・3歳児クラスと連携をとり、部屋の雰囲気や生活のようすなどを見学する。
- ・3歳児といっしょに活動する場を設ける。3歳児の部屋やトイレなどを借りて使ってみる。
- ・トイレは仕切りがない空間から個室トイレになるため、必ず一人ひとりに付き添う。
- ・生活時間を3歳児と同じ時間帯で設定してみる。
- ・3歳児用のベッドや布団に寝てみる。
- ・2歳児と3歳児の担任を交代してあそんでみる。

●保育者のかかわり

- ・3歳児クラスへの進級や生活への期待を高めながら、その雰囲気や流れに少しずつ慣れていけるようにする。
- ・特にトイレは個室になるので、安心して使えるように一人ひとりに寄り添いかかわる。
- ・全体に呼びかけながらも個々に目を配り、呼びかけに気づいていない子へ呼びかけたり促したりして、集団での動きに慣れることができるようにする。
- ・不安が見られる子には、ようすを見ながらかかわる。

できるかな？

だるまさんが転んだ！

おっと

ゲームのルール、わかるかな？

ピタッ　ピタッ

ひとりでトイレに入れるかな？

朝の準備、できるかな？

れんらくちょう

お話、聞けるかな？

新入園児と継続園児のかかわり

進級した喜びからとても意欲的になり、生活を楽しむ継続園児たち。新入園児にも興味を持ちますが、やはり親しんできた友だちとのかかわりが多く見られます。担任も複数からひとりとなり、新入園児への対応もあり、今までのように手をかけてもらえない場面も増えてきます。新しい担任との出会いや新入園児の存在に戸惑いが見られ、今までできていたことをしなくなったりもします。継続園児たちの不安も受け止めましょう。しかし、この寂しさや不安は一時的なもので、新入園児が慣らし保育で早めに帰ったあとなどに十分にかかわる時間を持つことで安心し、次第に意欲を取り戻していきます。活動をクラス全体で行うことで、新入園児には手順を覚える場、継続園児には確認の場となり、園の生活を確かなものとして身につけていけるでしょう。

●環境構成●

・顔と名前を一致させ、確実に名前を呼びかける。
・継続園児の特徴など、前担任から引き継いでおく。
・全体で使う物や活動場所、自分の居場所が視覚でわかるようマークをつけておく。
・子どもたちが動きやすい動線を考慮し、物を配置する。
・常に全体を見渡せるようにし、適宜人数確認をする。

●保育者のかかわり●

・継続園児のなかには、進級のうれしさから落ち着かない子や、新入園児に手がかかるため保育者にかまってもらえず寂しさを感じる子も見られる。慣らし保育で新入園児が降園したあとなどにたっぷりと接する時間を設けたり、お楽しみの時間をつくったりすることで、子どもたちの気持ちが満たされるようにしていく。

手をつないでね。
お散歩へ出発！

集団のなかでの新入園児へのかかわり

初めて家庭から離れて入園する子どもは、大きな不安でいっぱいです。まずはありのままの姿を温かく受け入れ、信頼関係を築くことが大切ですね。集団での活動を進めていくなかで個々の発達状況や発育状況などを見極めながら、新入園児には個別にかかわる時間を設け、個別保育と集団保育を同時に行います。生活に慣れたら、個別対応をしながら全体で動けるように促していきましょう。最初は名前を呼んで何をすればいいのかを丁寧に伝え、次第に「○○組さん」と呼ばれたら自分も動くんだという意識を持てるようにことばかけをしていきましょう。また、新入園児に興味を持ち、お世話をしてくれる継続園児もいます。継続園児全体にも「新しく入ったお友だちに優しく教えてあげてね」と伝えることで、継続園児と新入園児の交流が自然と生まれ、それがきっかけで新入園児も園生活に早く親しめるようになります。

●環境構成●

・クラスマークや担任の顔と名前が早く一致するよう、繰り返し確認する場を設ける。
・新入園児の近くに保育者がつく。園児の所在を把握する。
・自分のクラスやほかのクラスの場所を覚えるために園内探検をする。
・家庭調書や保護者からの聞きとりから、子どもの情報を認識しておく。

●保育者のかかわり●

・不安な気持ちを受け入れ、十分なスキンシップやかかわりを持ち、安心して過ごせるようにする。
・身支度など一つひとつ丁寧にかかわりながら、自分でしようとする意識を育む。
・少しずつ全体での活動に参加できるように、きっかけをつくったり促したりしていく。
・あそびを通して友だちとのかかわりが持てるようにしていく。

●異年齢児とのかかわり

進級したばかりのころは自分のことで精一杯だった子どもたちも、毎日3歳以上の子どもたちと接する機会を持つことで、様々なことを学んでいきます。3歳児クラスになり、環境が大きく変化すると、子ども自身も大きく成長していきます。特に5歳児の存在は大きく、憧れの気持ちを抱き、まねようとしながら集団での決まりを身につけていきます。

●環境構成●

・5歳児に手本を見せてもらう。
・ホールなど広い空間であそぶときは、三角コーンなどで目印を設ける。
・保育者は常に子どもたちから見える場所にいる。
・決まりを確認する場を設ける。

●保育者のかかわり●

・大勢での活動に慣れていないので、混雑して迷子になったりしないよう指示をはっきりと伝える。
・大勢での活動が不安な子には、保育者が手をつないだり、離れて見学したりと、少しずつなじめるようにする。
・年上の園児に仲間入りしたうれしさや楽しさが感じられるようなことばかけをして、気持ちを盛り上げていく。

養　護

子どもの生命の保持と情緒の安定のために、保育者が行うのが養護です。集団教育となる3歳児クラスにおいても、保育者は一人ひとりの子どもにきちんと焦点を当てることが重要です。

生命の保持（①快適 ②健康・安全 ③生理的要求 ④健康増進）

身辺の自立と基本的生活習慣の形成

子どもは身近な人とのかかわりのなかで望ましい行動や態度を学習していくので、保育者がよいお手本となることが望まれます。歯みがきの手順や洋服のたたみ方、箸の持ち方などわかりやすく手本を見せたり、絵や写真を用いて順序立てたりして伝えていきましょう。個人差があることなので、保育者のきめ細かなかかわりが求められます。子どもといっしょにする気持ちで、できたことを繰り返しほめながら意欲的に取り組めるようにしましょう。

体調の把握と管理

まだ、自分の体調の変化を的確に知らせることが難しいので、保育者は健康なときの状態をしっかり把握して、視診の際、体調の変化に素早く気づけるように心がけましょう。室温、湿度、換気に気を配りながら感染症の拡大防止にも努めます。「午睡」は午前中の活動の疲れを癒やすために大切なものです。快適な環境で静かに体を休め、午後からの活動に備えましょう。眠れない子には横になって疲れをとるだけでもよいことを伝えましょう。

運動機能の発達と順序性

全身のバランスを含め身体運動調整能力が発達する時期であり、両手両足を用いた生活に必要な運動技能が身についてきます。自分の手足を左右同時に制御することから、左右別々の制御をひとつにまとめる、「○○しながら××する活動」への挑戦は、3歳から始まります。走る・片足跳び・三輪車・ブランコ・滑り台・ジャングルジム・ボールあそびなど全身を使った活動や、ブロック・積み木・お絵描き・はさみやのりなどを扱う指先を使った活動を、子どもたちが自発的に楽しめるようなくふうをして行いたいものです。

情緒の安定（①安定 ②安心 ③自己肯定感 ④癒やし）

友だちとの関係をつくる

　3歳児は、友だちと同じ場所にいてもそれぞれが別のことをしてあそぶ「並行あそび」が見られる時期ですが、一方で友だちと「ごっこあそび」を楽しむことも増えてきます。「おかあさんごっこ」「大工さんごっこ」「バスごっこ」「お店やさんごっこ」……など、生活体験からアイデアが出て、イメージを共有できた友だちとあそびの輪が広がります。そのなかで気持ちをじょうずにことばにできず、衝動的に手が出てしまう子については、その思いを代弁できるように丁寧なかかわりを心がけていきましょう。

知的好奇心の活発化

　3歳児は知的好奇心がより強くなり、「なぜ？」「どうして？」といった質問が多くなる時期でもあります。一つひとつの質問にしっかりと向きあい、理解しやすいことばで優しく答えてください。ときには図鑑などを使ったり、実物を見たり、実験したり、いっしょに答えを見出すのもよいでしょう。好奇心をさらに刺激して「学ぶ意欲」へつなげていきましょう。

自己の認識の明確化「ぼく」「わたし」

えさだよ

えさ

いつもありがとう

　家族、園のそれぞれに属している自分を「ぼく」「わたし」と認識し、表現するようになる時期です。家庭と同様、園でも十分な自己肯定感を味わったり居場所を実感したりできるよう、当番活動のような、保育者や友だちから注目され認めてもらう機会を大切にしましょう。
　自分を大切にする気持ちから、他者（友だちなど）を大切にする気持ち、やがては命を大切にする気持ちへとつながっていきます。

教　育

保育の目的は、子どもが周りの環境を活用して生活を充実させながら成長することなので、3歳児以上の環境構成は重要です。子どもと環境の関係は、養護的側面、教育的側面、友だちや保育者など人的側面から考えましょう。教育的側面としては、思考力・想像力・好奇心・探究心などを刺激する、楽しめる場の設定とともに、対話しやすく自己肯定感を育む保育環境が必要です。こうした保育環境は、自分が自分らしくいられること、あそびを容易に生みだせること、共同性が育まれているかどうかが鍵となります。

健　康

食事・排泄・睡眠などの生活習慣を身につけることで、自分の体を管理できるようになります。体を十分に動かし、充実感を味わったり、自分の意思や考えで自らの健康を維持する活動を具体的にイメージし、その幅を広げて実践できるようにしていくことが大切です。

生活習慣

3歳ごろは「なんでも自分でできる」という意識が育ち、手助けを拒むことが多くなりますが、子どもの気持ちをくみ取りながら保育者が根気強くかかわることで、しっかりと身につきます。ことばかけや援助のしかたをくふうしましょう。

◉手洗い◉

ウイルスや菌を体に取り込まないことが健康な体になるための基本です。手洗いでは、汚れが残りやすい部分を知らせ、清潔に保つことの大切さを意識して行動できる力をつけましょう。

◇せっけんをよく泡立てて30秒以上洗います。

①手のひら	②手の甲	③指先・爪のあいだ	④指のあいだ	⑤親指	⑥手首	⑦水で流す

◇歌を使って、自然に長時間洗えるようにしてもいいでしょう。（例）「ハッピー・バースディ・トゥ・ユー」を二度歌うなど

◉うがい◉

病気の予防に必要な活動です。戸外から入室する際には必ず行うなど、日常的に働きかけ、習慣化することが大切です。

◇ブクブクうがい◇　口の中を清潔にするうがい
　　　　　　　　　　3歳児はほとんどの子ができます。
◇ガラガラうがい◇　のどを清潔にするうがい
　　　　　　　　　　3歳児には難しいので、保育者が手本を見せて、
　　　　　　　　　　まねをするよう促しながら練習しましょう。

ガラガラうがい

ブクブクうがい

※ブクブクうがいで口の中をきれいにしてからガラガラうがいをすると、口の中の汚れがのどに広がりません。

⊙歯みがき⊙

乳歯が生えそろう時期です。

乳幼児は、おとながしっかりとしあげみがきをすることが大切ですが、集団生活では一人ひとりにしあげみがきをすることはできません。

歯みがきの大切さや正しいみがき方を伝えることで、子どもに、歯みがきの習慣が身につくようにしましょう。歯みがきの歌などに合わせながら、みがき方を覚えるのもいいでしょう。

運動あそび

３歳児は「体のバランスをとる」「体を移動させる」「用具を操作する」などの多様な動きが、ひと通りできるようになる時期です。たくさんのあそびを経験しながら、自分の体をコントロールできるようになります。遊具や用具を活用してあそびを発展させていくとともに、危険を予測できる力もつけていきましょう。

体を動かす心地よさを感じ、喜び、達成感を味わうには、おもしろさとのめりこむ要素が必要です。保育者もいっしょに楽しさを共有し、笑顔であそびましょう。けがの予見、防止に努めても起こってしまう、転ぶ・ぶつかるなどの小さな失敗体験は、身を守る行動の習得には必要かもしれません。

⊙体のバランスをとるあそび⊙

・けんけん競争　・鉄棒にぶら下がる
・でんぐり返し　・タイヤ渡りなど

⊙体を移動させるあそび⊙

・おにごっこ　・ジャングルジム
・滑り台　　　・動物まねっこなど

うさぎさん
ぴょんぴょん

⊙用具を操作するあそび⊙

・ボールあそび　・三輪車
・なわあそび　　・砂あそびなど

いくよ〜
いいよ〜

家庭との連携

情報が簡単に手に入るようになり、保護者の知識も豊富になってきていますが、実際にはなかなか子どもたちの行動に結びつかないことを、保育者がまず理解し、保護者に伝えましょう。お願い事ばかりではなく、保護者の話を引きだしながら、協力しあうようにするとよいでしょう。

園の生活習慣としてできるようになったことを、家庭でも継続できるように働きかけられるといいですね。

じょうずに歯みがきができるので、おうちでもしてくださいね

人間関係

3歳ごろは、自我がよりはっきりしてくる時期です。並行あそびから友だちとかかわりを持ち、いっしょにあそぶようになってきます。自分の行動やその結果を予測して、楽しみな反面不安になるなどの葛藤も体験します。保育者は子どもを受容し、意欲を引きだす人的環境として、あそびをくふうしたり環境を整えたりしていくことが大切です。

自分の思いを表現する

3歳ごろ、ことばの基礎ができ知的好奇心が高まると、自我がよりはっきりしてくるとともに、自己主張も出てきます。子どもは、ことばや態度で自分を表現しようとします。

保育者は、自分の気持ちを伝えたいという子どもの思いを大切に、十分に受け止めていきましょう。その際、ことばをかけるだけでなく「待つ」ことも大切です。待ってもらえるという安心感が信頼へとつながります。その信頼感が安定の基盤となって、子どもは自分の思いを十分に出せるようになり、やりたいという意欲につながります。意欲は、人とかかわりあい支えあって生活するための「自立心」を育んでいきます。お手伝いなど、人の役にたっているという喜びを感じられる体験もいいですね。

ままごとしよう！

いいよ

友だちとぶつかる

3歳児のトラブルの原因は、「物や場所の取りあい」「いやなことを言われるなどの否定的行動」「あそびのイメージが違う」など様々です。
保育者は、お互いの気持ちを受け止め、相手の気持ちを代弁していくなかで、子どもには、集団生活のなかでは受け入れてもらえない行動もあることを伝えていきます。

あそびをくふうする

子どもはあそびのなかで自分と他人の違いを認識し、考え方や感じ方の違いに気づいていきます。

●ごっこあそび
3歳ごろになると、ヒーローごっこやままごとあそびが増え、見たてあそびやつもりあそびから、「場」を共有する形で展開されます。友だちのあそびを模倣したり、イメージを共有するなかで、みんなでいっしょに何かをしようという意識が増していきます。

●集団でのあそび
この時期には、おにごっこやしっぽとりなどの簡単なルールのあるあそびや、滑り台などの順番を守らなければならない遊具でのあそびを取り入れましょう。ルールを守ってあそぶと楽しいという経験は、友だちといる心地よさにつながります。
「場」「楽しさ」「イメージ」を集団のなかで共有できるようにしましょう。

おはよう

おはよう

様々な人とかかわる

子どもは、家庭・地域・園での様々な体験を通し、同年齢の友だちだけでなく、地域の人々、お年寄りなど、異年齢の人とふれあいます。そうしたなかで、コミュニケーション能力や人間関係を築く能力が成長していくのです。

環　境

子どもは、自然など身近な環境に積極的にかかわり、様々な物の特性を知り、かかわり方やあそび方を体得していきます。そうするなかで想像力が豊かになり、目的を持って行動したり、結果を予測したりできるようになるのです。また、友だちとのつながりが強くなる一方けんかも増え、約束事の大切さに気づいていきます。このように、子どもは周りの環境から大きな影響を受けていることを保育者は十分意識し、環境に注意を払わなければなりません。

身近な環境へのかかわり

子どもは、水・砂・土・草花・虫・樹木といった身近な自然物に興味を示し、積極的にかかわろうとします。3歳ごろは、自分の手を使い感覚を働かせ、見たりふれたりしながら物や

動植物の特性を知り、より豊かなかかわり方やあそび方を体得していく時期なので、自然物であそぶ楽しさを十分味わえるように環境を整えていく必要があります。

春　夏　冬　秋

社会的な環境へのかかわり

　3歳ごろは、自分と他人との区別がわかり、自我が形成されていきます。友だちといると喜びや楽しさを感じ、つながりが深まる一方、競争心も生まれけんかも多くなります。
　自分を十分に発揮し、他者と協調して生活していくという、生きるうえで大切なことを学びはじめる時期でもあります。保育者は、子どもの社会性を育てるとともに、自己肯定感や他者を受容する感情が育まれるように接することが大切です。

身近な人へのかかわり

　「自分」ということが認識でき自我が成長するにつれて、家族や友だち、保育者などとのかかわり方がわかりはじめます。周囲への関心や注意力、観察力が伸びて、気づいたことをことばで言ったり、あそびに取り入れたりしながら、人とのかかわりを育んでいきます。身の回りのおとなの行動や日常の経験を取り入れて、再現するようにもなります。保育者の行動や言葉が子どもたちの成長の妨げにならないように、常に意識して保育していくことが求められます。

言　葉

　3〜4歳児期は、語彙の増加とともにコミュニケーション能力が向上し、文字への興味・関心が高まりを見せる時期です。その成長の背景には、子ども自身が能動的に環境にかかわる多くの出来事が存在します。自然な形で学ぶことのできる環境設定を考えましょう。

　また、この時期は様々な意味を含む単語や背景に因果関係があることばを知っていきますが、子どもがその意味を理解するためには、経験とおとなの仲立ちが必要となります。ことばにかかわり、ステップアップしていくなかで、どのような配慮が必要なのかを考えましょう。

身近な文字を意識できる環境構成

子どもの文字への興味・関心の高まりを満足させられるように、視覚教材を有効に生かしましょう。絵本の文字や、道具に書かれた自分の名前などを見ることで、興味を持った文字の形を覚え、生活のなかで同じ形を探すことを楽しみます。これを繰り返すことにより、自然と文字の習得がなされるのです。

読み聞かせには、年齢ごとに発達を助ける様々な側面があるので、3歳児でも継続しましょう。

数の概念を意識できる環境構成と配慮

おとなは、生活のなかにある「数」を理解しながらかかわります。子どもは、生活のなかに無数に存在している数字に対し、漠然とかかわっている状態です。そのため、数の意識化ができるようにしていかなければなりません。

数を唱えるだけではなく、数字・数量・数詞が一致するように、また、時系列も意識できるように生活のなかで体験する機会を設けましょう。

数字：1＝一、2＝二、3＝三
数量：多⇔少、大⇔小、重⇔軽
数詞：○人、○匹、○台、○つ　　など……

気持ちをことばで表せるようになる

ことばでの個性発揮（自己主張）ができるようになる3〜4歳児期は、友だちどうしで主張のぶつけあいが起こります。そのため、仲介役の保育者（おとな）の役割はとても重要です。双方の意見を聞き入れ、ゆずりあう・共有するなどの解決策を提案し、社会的に必要なルールを伝えていかなければなりません。そして、人にはいろいろな考え方や気持ちがあることを伝えるのも、心の折りあいをつけるためには必要不可欠です。子どもたちは、日々の生活の場面でそのつど、繰り返し体験することにより、徐々に自分の気持ちをコントロールできるようになります。

あれはね…

あれはなあに？

ことばの表現が豊かになる

乳幼児期には、人と応答的なかかわりを体験することで得られる能力がたくさんあります。表現力もそのひとつです。表現力はおとなとの応答的なやり取りを通して豊富になっていきます。おとなにたくさんの質問をするのは知的興味が高まっている証しなので、しっかりと受け答えをしましょう。

ことばのやり取りを楽しむ

いろいろなことばを覚えて、子どもどうしのやり取りも増えてきますが、まだまだ自己中心性の強い3歳児です。「バカ」や「キライ」などのことばも、悪気なく言ってしまうので、言われた子はいやな気持ちになるということをそのつど知らせ、相手の立場に立って考えられるよう繰り返し伝えましょう。

また、自分の気持ちをことばで伝え、相手にきちんと伝わっ

たという満足感を味わうことで、さらにことばでのコミュニケーションをとろうという意欲がわき、ことばのやり取りも楽しむことができるようになってきます。

ことばのやり取りを楽しむことが、理解する力の基礎や人への信頼感を築く力につながるので、一つひとつのやり取りを丁寧に行っていきましょう。

ことばの発達による成長の連鎖

運動機能と基本的生活習慣の自立が相互に成長するように、言語機能の発達により子どものほかの能力も成長します。ことばによる友だちとのつながりや葛藤、知識や知恵を与えてくれるおとなのやり取りなど、体験を重ねることで子どもの想像力や記憶力、自己抑制の力などが育まれていくのです。その際、子どもが自信や有能感を持てるようにかかわりましょう。「それ知ってるよ！」という出来事は、大変うれしく誇らしいものです。生活経験や趣味嗜好、月齢などによる個々の発達差にも十分配慮しながら、「できる！」を感じる経験を重ね、よい気づきの連鎖を生みだし、すこやかな成長につなげていきましょう。

表 現

この時期の子どもたちは基本的な運動機能が発達し、使えることばも増えます。また知的好奇心が高まって想像する力が育ち、予想、意図、期待を持って行動するようになります。できることの拡大は、なんでもできるという意識を生み、自分の意思で生活を繰り広げようとします。また、友だちとのかかわりが多くなり、同時にかかわり方も変化していきます。子どもたちは、自分の周りの環境からいろいろなことを感じて、心を動かし、表現しようとするのです。

感動が感性を育てて表現に

表現の根源は「感動」です。子どもたちは、身の回りにあるものから様々な「感動」を受け取ります。そして感性を通して表現する力を生みだします。

周りのものに心を動かす「感動」は、心に蓄積されます。「感動」を重ねた経験は感性を豊かにし、3歳になってできることが増えると、周りの友だちやおとなに伝えたいという意欲が生まれるのです。そして自分なりに表現しようと、いろいろやってみることにつながります。

表現と感動の相互作用

表現したことを友だちやおとなが受け止め共感してくれたのを感じて、新たな「感動」が生まれ、感性が深まっていきます。「感動」とは直感的に心を動かされる現象ですが、おとなが周りの環境をどのように設定していくのか、という視点が大切です。子どもたちの「やってみたい！」という心の動きを読みとりましょう。

感動 → 表現

外部の環境や刺激

あそびによる感動

子どもたちの「感動」は、あそびを通した体験で育ち、友だちやおとなとのかかわりによって促されます。
３歳の時期にはあそび方が変化します。ひとりであそんでいたのが、友だちに触発されて同じ場での並行したあそびとなり、そのうちお互いがかかわりを持った共同あそびになっていくのです。

子どもが成長してあそびが変わり、あそびが変わることで子どもが成長するという相互作用によって、子どもの育ちは多様になっていきます。

ひとりあそび

並行あそび

共同あそび

体験の積み重ね、感動の繰り返し

繰り返しが表現活動を強化して、またやりたい、もっと伝えたいという気持ちを育てます。はじめはつたない表現でも、繰り返すことで次第に板についてきます。体験の積み重ね、感動の繰り返しが子どもを成長させます。
感性に動かされて、やりたい気持ちがあふれでようとするそのとき、子どもたちの目は輝き、体が動きだすのを止めるこ

とはできません。「どうやってこの気持ちを表そう？」という思いや感動を、子どもたちはあらゆるやり方で表現しようとするでしょう。
意欲を高めるくふうは日常のなかにあるので、いろいろやってみることがだいじです。環境づくりも試行錯誤の繰り返しで進化していくものなのです。

食　育

「食」は生きる力の源です。きちんと食べることは、体の健康と同時に心も育てます。3歳児は食べることの大切さを意識しはじめると同時に、大好きな友だちや保育者と食べることが楽しいと知ります。また、当番活動の流れを理解し、友だちと協力して進めることの大切さも学びます。人の役にたつことをうれしく思うなど、3歳児として新しいことへのチャレンジが丁寧に育まれることで、自信へとつながる第一歩となるよう、援助しましょう （33ページ参照）。

生命の保持・情緒の安定

食べる喜びを生きる喜びに

給食やおやつの時間、おなかがすいてきたそのときに、調理室から漂ってくる料理の香りは本当に魅力的です。そして待ちに待った給食を食べたときの感動は体いっぱいに広がって、とても心地よい気分に浸れるのです。そういう体験を繰り返して子どもたちは大きくなります。食べることが楽しくてしかたがないと感じることができて、みんなで同じ思いを感じてみたいと思いはじめるのが3歳ごろの子どもたちです。

また、食べ切れた満足感は子どもの自信につながります。量の加減を自分から言い、安心して残さず食べられる子どもに育てましょう。保育者は必要分量を把握し、適量が食べられるように意識することも大切です。

給食を残さず食べるためには、思い切りあそんでおなかをすかせることが必要です。そして、食べたらきちんと排泄をすると気持ちがいい、そういう循環を繰り返して、体が覚えていくような取り組みを行っていきましょう。

健　康

食べ物の働きを知る

3歳は、食べ物が体の中でどのように消化吸収され、健康な体が保たれているかを、絵本やエプロンシアター®、紙芝居などで楽しく知り、「食」と「健康」の意識づけをスタートさせる年齢です。すこやかな成長のためにはいろいろな食品を食べなければならないこと、食べ物が便となり体外へ排泄されること、その便の状態で不足している食品がわかることなど、バランスよく食べることの大切さを知らせましょう。アレルギー食品の配膳については、お盆を分ける、食札をつける（食札には、クラス名、名前、アレルギー食品名を明記）、給食担当者から手渡す、という流れを全職員で厳守します。また、乳歯がそろうこの時期に、よく噛んで食べる習慣を育てましょう。子どもに適した食材の大きさ、硬さ、咀嚼の

チェック（唇は閉じているか、噛む回数は少なくないか）、飲みこみ（丸飲みしていないか、逆に、飲みこめないことはないか）などに注意します。同時に、絵本や紙芝居などを通して、食後の歯みがきの大切さを子ども自身にも伝え、丁寧なみがき方を指導しましょう（できればしあげみがきはおとなが行いましょう）。このような情報は保護者にも発信し、家庭と連携して共有したい習慣です。

人間関係

当番活動・お手伝い

大好きな人といっしょに食事をすることは、人間形成にとって大切な信頼感を育てます。園だけではなく家庭でも、買い物のときに保護者といっしょに知っている食材を買う、料理のお手伝いをするなどとともに、家族がいっしょに食卓を囲むことを勧めましょう。そのような経験は子どもの心の糧として蓄積されて、次の育ちの種となります。

園での給食当番は、集団生活を通して友だちと協力しあうことの大切さ、自分でできた満足感、感謝のことばをかけられる心地よさ、みんなのために役にたつ喜びなど、多くの自信につながります。

また、この活動を通して、正しい食器の並べ方・あいさつ（感謝）・献立名と食材の理解、片づけでは、同じ食器をまとめること・出たごみを分別して決まった容器に入れることなどを伝えていきましょう。給食当番は毎日する活動で習慣化されやすいので、方法を丁寧に知らせましょう。

環　境

食材に興味を持つ

プランターでラディッシュやミニトマトを育てたり、給食食材のじゃがいもやにんじんを洗ったり、とうもろこしの皮をむいたり、いんげん豆の筋を取ったり、においをかいだり、年長児がピーラーで皮をむいているのを見たりなど、3歳児としてできる範囲内で食材にかかわる参加のしかたをくふうし、身近にふれる機会を多く設けましょう。自分たちで育てた食材が、給食に入っていることで、「苦手だけれどがんばって食べてみようかな」と、子どものチャレンジ精神にスイッチが入ります。食べられる食材を増やすためにも、楽しんでふれるよう導くのは大切なことです。活動の姿を写真に収め保護者にも見てもらい、家庭でも子どものお手伝いの幅を広げられるようにしましょう。

養護・教育・食育の視点

言　葉

楽しい会話・マナー・風習

親しい人たちと楽しく語らいながら食卓を囲むことは、食事を一層豊かにします。昼食でも、友だちと楽しく語らう雰囲気をつくりましょう。

また3歳は、食事のときには、その食べ物に適した食具を使うことを知る年齢です。和食・洋食に合わせ、箸・スプーン・フォークのなかから自分で選んで使いはじめます。選んだ食具が適当でなかった場合には、徐々に自分の力で適切な食具が選べるように導きましょう。

食事をする際のマナーには、「口に食べ物を入れたまま話さない・音を立てずに噛む・正しい姿勢で食べる」などがあります。足がきちんと床についているか（つかない場合は、台を置くなどくふうする）、いすがきちんと引かれ子どもの胸とテーブルがほどよい位置にあるかなどにも注意をして見守り、正しいマナーを子どもたちに伝えていきましょう。

表　現

体験から食を感じる

食育にはいろいろな活動がありますが、3歳児の発達過程における特徴に即した内容で展開していくことが大切です。3歳児は保育者や友だちとかかわりながら、食材にふれたりすることに喜びを感じます。やおやさんやスーパーで身近な食材を見ることや、生き物の命を感じること、絵本や歌などで食材や食べ物についての物語にふれ、なりきってまねをしたり、食に関する事柄を想像したりしながら自由な表現をしてみることなど、様々な事柄から3歳児の食育を考えることができます。

好き嫌いが出てくるころですが、同時にいろいろな物に興味も出てきます。嫌いな食材でも、自分で育てる体験によって好きになり、食べるようになることがあります。命を育て、収穫し、調理して食べるという行為で、その食材をだんだん身近に感じて、おいしく食べられるようになるのです。このように、体験を通して食を身近に感じることは、食育を進める有効なやり方のひとつです。

保育ドキュメンテーションの作成

保育ドキュメンテーションとは、専門的な視点で観察した日常の保育の経過と子ども
の成長・発達を、写真と簡潔な文章でわかりやすく記録し、それを保護者に保育情報
として発信するものです。これは保護者から保育への理解を得るとともに、子どもの
発達援助や保育の質の向上におおいに役だちます。

4月

生活習慣プロジェクト

朝の準備をしよう

3歳児になると、身の回りのことを自分でしようという意欲が出て、見通しを持って順番に行動できるようになります。気持ちよい1日のスタートが切れるよう、朝の身支度をしましょう。

子どもの"気づき"や"ひとりでできた"という気持ちを大切にしながら、保育者がどう援助するかを考え、「身の回りのことが自分でできるようになる」ことをねらいとして進めます。

1　連絡帳と出席ノートを出そう

登園したらいちばん初めに出します。どこに入れるかわかるように、はっきり目印をつけましょう。表紙が見えるように入れると見た目が美しいことも伝えます。慣れてきて、友だちと出すのが同時になった場合は、一列に並んで前の友だちから順番に出すことを知らせていきましょう。

机の上にかばんを置いて、一つひとつ落ち着いて。

目印はわかりやすいようにくふうしてつけましょう。

2　かばんを自分のロッカーに入れよう

保育者がいっしょにロッカーに入れながら、望ましいかばんのしまい方を示しましょう。肩ひもが出ていると、見た目も悪く、手や足が引っかかって危険につながることもあります。いつか、自分で気づけるようになることがいちばんのねらいです。

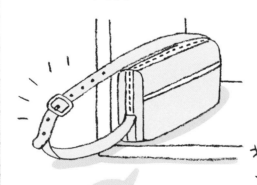

肩ひもがはみだしていると……。

 園児服を脱いで、きれいにたたもう

たたむ順番やポイントをわかりやすく伝えましょう。

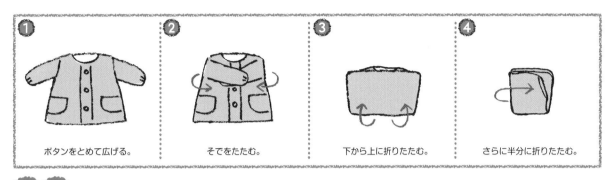

① ボタンをとめて広げる。

② そでをたたむ。

③ 下から上に折りたたむ。

④ さらに半分に折りたたむ。

 ここがポイント！

★裏返しになった園児服のそでを表に返す。

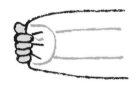

そでに手を入れ、そで口をつかむ。

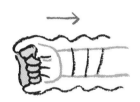

そで口をつかんだまま、内側に引っぱる。

 あそび着になって、さあスタート！

服の前後を確認してあそび着に着替えたら、1日の始まりです！

どちらが前かわからないときは、ポケットを目印にすることを伝えます。

みんなそろって朝の歌！

保育のねらい　身の回りのことを自分でする。

	活動内容	用意するもの・環境設定	望まれる子どもの姿	指導上の留意点
4/3	○朝の身支度・持ち物の整理のしかたを知り、保育者や友だちといっしょに準備をする。	○机 ○連絡帳・出席ノート入れ ○机・ロッカー・整理かごに名前シールやそれぞれのマークをつけておく。 ○かばんは先に片づけて、机を広く使えるようにする。 ○あそび着や園児服、かばんを置く場所を決めておく。	○できないところを保育者にたずねたり、友だちのようすを見てまねしたりする。 ○自分のマークを覚え、自分のロッカーにかばんをしまう。	○やり方がわからず戸惑っている子どもには、手を添えていっしょにしながら、やり方を知らせる。 ○ひとりでしようとする意欲を認め、ほめる。
4/8	○かばんや園児服、着替えなどを自分のロッカーの決められた場所にしまう。 ○かばんのしまい方に注意する。	○机 ○連絡帳・出席ノート入れ ○机・ロッカー・整理かごに名前シールやそれぞれのマークをつけておく。 ○かばんは先に片づけて、机を広く使えるようにする。 ○あそび着や園児服、かばんを置く場所を決めておく。	○保育者からやり方を学び、自分でかばんをきれいにしまおうとする。 ○危険なことがわかるようになり、安全面にも気をつけようとする。	○かばんの肩ひもが出ていることがなぜ危険なのかを知らせ、正しいしまい方を示す。 ○肩ひもの長さが体に合っているか確認し、調整する。
4/15	○園児服を脱ぎ、きれいにたたんで決められた場所にしまう。 ○前後を理解して、あそび着を着る。	○机 ○連絡帳・出席ノート入れ ○机・ロッカー・整理かごに名前シールやそれぞれのマークをつけておく。 ○かばんは先に片づけて、机を広く使えるようにする。 ○あそび着や園児服、かばんを置く場所を決めておく。	○裏返しになった園児服のそでを元に戻そうとする。 ○あそび着の前後を理解して着ようとする。	○あそび着の前後や裏表など、途中でわからなくなった子どもには、そばについて正しい着方を知らせる。
4/26 保育ドキュメント	○保育者や友だちの力を借りずに、自分で朝の身支度（連絡帳提出・かばんをしまう・着替えなど）をする。	○机 ○連絡帳・出席ノート入れ ○整理かご ○支度ができたあとに待つ場所を決めておく。	○ある程度の身の回りのことができるようになり、意欲を持ってひとりで朝の身支度をする。 ○身支度が終わったら、次の活動の指示を座って待つ。	○個人差に配慮し、援助が必要な子には過剰にならないように援助する。 ○自分でできたことを認め、意欲を持って取り組もうとする気持ちに共感する。 ○自分でしようとする気持ちを大切にしながら、応援してもらうよう保護者にも伝える。

保育ドキュメント

朝の準備をしよう

3歳児クラス	17 名
保育者	2 名

保育の記録

アドバイス

9:00

朝の体操を終え、保育室に入る。子どもたちは机の上にかばんを置き、連絡帳と出席ノートを出していた。先に園児服を脱ごうとしている子に、○○ちゃんが「連絡帳が先だよ」と教えていた。

朝の準備の習慣がついてきていることで、子どもどうしのやり取りができていると思います。進級して間もないので、保育者がいっしょに行い子どもが安心できるようにすることも大切です。

9:03

一つひとつゆっくりボタンをはずす子もいれば、おしゃべりをしながらでもスムーズにボタンをはずせる子もいる。○○ちゃんがおしゃべりに夢中で、園児服を裏返しのままたたもうとしていたので「このままでいいのかな?」と声をかける。「あっ、そうだった」と言ってきれいにたたみ直せた。

保育者のことばかけが重要になってくると思います。自分で考えて気づくことができれば、自分でできたという喜びにもつながるでしょう。

9:08

たたんだ園児服を整理かごの上に置く。あそび着を着る際、前後がわからず「先生、どっち?」とたずねる。ポケットを目印にして着るとわかりやすいことを伝えた。

ポケットを目印にすることを伝えるのはわかりやすいですね。どこまで援助し、どこから見守るのかという範囲は、保育者間で共通理解を持つ必要があると思います。

9:10

園児服からあそび着への着替えがまだ終わっていない子どもがいたので、そばで手を添えていっしょに行った。準備が終わった子どもたちは、席について待っていた。

終わっていない子をせかすことなく、手を添えていっしょに行うことで、子どもがやる気を失わずに進めていけますね。よい援助ができていると思います。

9:15

全員が身支度を終えたあと、ロッカーの確認をしたが、かばんの肩ひもが出ているのが気になった。安全面と整理整頓を考え望ましい入れ方を改めて知らせると、自分で考えながらかばんを入れ直していた。

もう少し慣れてきたら、子どもたち自身が確認するようにしてもいいですね。朝の身支度は、おもちゃの片づけや身の回りのことすべてにかかわってくるので、一つひとつを丁寧に指導していきたいですね。

→ ドキュメンテーション Part4に掲載

20XX年

4月

朝の準備をしよう

2歳児のときは、保護者や保育者といっしょに行っていた朝の準備。3歳児は自立の確立のため、全部自分たちで行います。結果を見るだけでなく、過程を重視し一つひとつにスポットを当てて、1週間ごとに課題を増やしていきました。

Part 1 今日から自分でやってみよう

4月3日

朝の体操後、各保育室に移動して持ち物の整理をします。できないことがあると、保育者にたずねたり、友だちのまねをしたりして進められる子もいますが、保育者からのことばかけを待っている子もいます。

保育者といっしょにひとつずつ確認しながら進めていきます。

「せんせ〜、これはどっち?」

Part 2 ロッカーの中を整理整頓しよう

4月8日

朝の身支度だけでなく、身の回りの整理整頓も自分でできるようにやり方を知らせていきます。安全面についても具体的にわかりやすく伝えることで、自分で気づけるようになってほしいと思います。

「かばんの肩ひもが出てるよ。お友だちが
引っかかって転ぶと危ないから……」

「肩ひもはかばんの向こう側に入れようね」

Part 3 衣服のたたみ方を覚えよう

4月15日

前開きの園児服は、Tシャツやトレーナーなどとは違って容易にはたためません。まずは、机の上にきれいに広げるところから伝えていきます。

「う〜ん……このあとどうするんだっけ?」

「せんせ〜、できない〜」

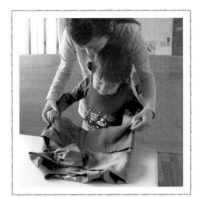
手を添えていっしょにすることもあります。

Part 4 ひとりでやってみよう

4月26日

1か月が経つころにはある程度のことが自分でできるようになってきました。保育者のことばかけや援助が必要な子もいますが、自分で考えたり、次にすることに気づいたりする姿も見られるようになりました。

「まずは自分でしてみよう」という気持ちが芽生えてきました。

ロッカーの中です。整理整頓がじょうずになってきました。

子どもの成長・発達

4月は「身の回りのことを自分でする」というねらいのもと、プロジェクトを進めました。課題をひとつずつ増やすことで、子どもたちに「こんなふうにしてみよう」「こうすればいいんだ」という “気づき” が見えてきました。保育者が手を出してしまいがちなことを少し時間をかけて見守ると、「できた!」「うれしい!」という達成感・満足感が生まれ、それが自信へとつながっていきました。まだまだ個人差もありますが、ふくらみかけた小さな芽を大切に、一人ひとりの成長・発達に合わせてゆっくり進めていきたいと思います。

5月

あそびプロジェクト

新聞紙で洋服を作ろう

3歳になると、あれこれ想像する力が芽生え、手先も器用になってきます。新聞紙でいろいろなイメージをふくらませて、自分だけのすてきな洋服を作りましょう。友だちとのかかわりを大切にしながら、ファッションショーも楽しんでみましょう。

1 新聞紙ってどんなもの？

プロジェクトの導入として、保育者が新聞紙を広げ、丸めたり、ちぎったり、折ったり、くしゃくしゃにしたりと様々な形に変わっていくようすを見せましょう。新聞紙であそぶ楽しさを伝えます。

さあ、この新聞がどんなふうに変わるかな？

丸める

ちぎる

折る

くしゃくしゃにする

2 新聞紙であそぼう

一人ひとりに1枚ずつ新聞紙を渡し、子どもがイメージするあそびをそれぞれに楽しみます。

びりびりやぶいちゃった！

剣だよ！

3 洋服を作ってみよう

どんな洋服がいいかイメージをふくらませて、洋服作りに挑戦です。難しいところは保育者が手を貸して、子どものイメージの実現に近づけていきましょう。

Tシャツ

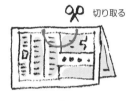

✂ 切り取る

スカート

✂ 下の部分に切りこみを入れる

腰に巻きつける

リボン

三つ折りにする

中央にしわを寄せる

↓

↑

別の新聞紙を中央に巻く

4 ファッションショーをしよう

グループごとにモデルを出して、着てみましょう。自分が作った洋服を友だちに見せ、認められることで、表現する喜びを知り、自信を持てるようになります。次回はもっと違うものを作ろうという意欲が持てることばかけをしましょう。

見て見て！

保育のねらい　素材にふれながら、イメージしたものを作る楽しさを知る。

	活動内容	用意するもの・環境設定	望まれる子どもの姿	指導上の留意点
5/7	○保育者が扱う新聞紙を見て、どんな特徴があるかを知る。	○新聞紙	○新聞紙がどんな形に変わっていくのか、興味を持って見る。 ○自分もやってみたいという気持ちになる。	○様々な形に変化するようすを、わかりやすく伝える。
5/8	○新聞紙であそぶ。	○新聞紙	○新聞紙を丸めたり、ちぎったり、折ったりして、自由にあそびながら好きな形を作る。 ○作ってみたいものを保育者に伝えて、いっしょに作る。	○新聞紙が様々なものに変わっていく楽しさに共感しながら、あそびが展開していくようにかかわる。
5/9	○洋服を作ってみる。	○新聞紙 ○セロハンテープ ○机を片づけて、広いスペースを作っておく。	○新聞紙で作りたい洋服のイメージをふくらませて、保育者とともに洋服を作る。	○困っている子どもには、その気持ちに共感し、適切に援助していく。
	○ファッションショーをする。	○新聞紙で作った洋服 ○ステージ（マットなどを使用）	○友だちの作品を見たり、自分の作品を見せたりして、表現することを楽しみ、次回への意欲を高める。	○一人ひとりが見やすいように、配置をくふうする。 ○「じょうずにできたね」「かっこいいね」などと声をかけ、自信が持てるようにする。

保育ドキュメント

新聞紙で洋服を作ってみよう

3歳児クラス	25 名
保育者	2 名

保育の記録

アドバイス

9:45

それぞれ新聞紙を手に取り、体に巻きつけたり、頭を通す穴を開けたりした。友だちがテープを貼るときに押さえるなど、協力して作る姿も見られた。

「何になりたいかな」「どんな洋服がいいかな」と問いかけ、それぞれイメージを具体化させてから製作に入ってはどうでしょう？ さらに気持ちが高まると思います。
安全にあそぶための約束事を知らせることも大切です。

10:10

○○ちゃんが「リボンもつけたい」と言う。でも、うまくリボンを作れずにいたら、△△ちゃんが「これ使っていいよ」と自分で作ったリボンをゆずってくれた。○○ちゃんは △△ ちゃんに「ありがとう」とお礼を言い、新しい新聞紙を渡していた。

自分で考えたり、友だちどうしで意見を出しあったり、自主的に活動したりすることは、次の意欲につながります。見守り、待つことで、その子の考える力や自発性を育てていきます。

10:20

どのように作っていいかわからない子には、保育者が「こうやってみようか」「こっちのほうがいいかな」と新聞紙を持っていっしょに考え、イメージを持てるようにした。無理にはさせず、自分から興味を持って作りはじめるのを待った。

保育者の提案だけでなく、「○○ちゃんはどうかな？」と友だちのようすやイメージの参考になるような絵本を見せるなど、一人ひとりの意欲を大切にしたいですね。
作り終えた子が待てるくふうがあるといいですね。

10:30

それぞれモデルさんの気分で、自分の洋服を見せていた。友だちの服を見て「かわいいね」「かっこいいね」と感想を言う姿も見られた。

イメージ通りの物ができあがった達成感・満足感が味わえるよう、ひとりずつほめあったり拍手を送ったり、楽しい雰囲気で行えるといいでしょう。また、BGMを流したり小道具を持ったりすると、一層気持ちが盛り上がります。

5月 ドキュメント

ドキュメンテーション Part3・4に掲載

ワンダーぐみ 保育ドキュメンテーション

20XX年

5月

新聞紙で洋服を作ろう

子どもたちにも扱いやすい素材の新聞紙。丸めたりちぎったりして思い思いにあそんだあと、洋服作りにチャレンジしました。ファッションショーでは、すてきな洋服がずらり。イメージ通りにできあがりました！

Part 1 新聞紙ってどんなもの？

5月7日

「新聞紙って、魔法の紙みたい」と、様々に変化するようすを見て、みんなびっくり！

「さあ、この新聞紙がどんなふうに変わるかな？」。　みんな真剣に聞いています。

Part 2 新聞紙であそぼう

5月8日

丸めたり、ちぎったり、折ったり。
みんなで好きなように新聞紙であそびました。
何ができるかな？

  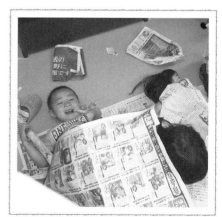

「リボン、できたよ〜」

「やっぱりマントと剣でしょ」

「お布団にもなるよ〜」

洋服を作ってみよう

5月9日

それぞれ、自分のイメージをふくらませて形にします。細かくて難しいところは、保育者がいっしょに作ります。友だちどうしで、協力しあって作る姿も見られました。

新聞紙を自由に使って、身にまといます。

ファッションショー すてきでしょ

5月9日

みんなで作った洋服、どう？　新聞紙ってすごいね。

それぞれ自慢のオリジナルウエアで、みんな並んで「はい、ポーズ！」

特設ステージでポーズ！　いかが？
とびっきりの笑顔でモデルさんのようです。

子どもの成長・発達

子どもたちは、生活のなかでいろいろなものの認識ができてきました。洋服もそのひとつです。5月のあそびプロジェクトでは、「素材にふれながら、イメージしたものを作る楽しさを知る」ことをねらいとして、どんな形にも変化する新聞紙で洋服を作りました。子どもたちは自分で考え、新聞紙を自由に変化させて楽しむことができました。さりげなく援助しながら、自分で作れたという達成感や自信が持てるようにしていくことが大切だと思いました。また、ファッションショーで、友だちの作品を見ることが刺激となり、さらに意欲が高められました。

6月

あそびプロジェクト

雨の日の発見

1 雨の日の散歩へ出かけてみよう！

晴れの日とは違う自然のようすに気がつき、子どもたちから様々な発言が得られるよう、気づきのヒントを与え、会話を楽しみながら散歩をします。子どもたちのことばに共感しながら、自分の思いをどんどん表現できるようにしていきましょう。

いつも通る散歩道。でも、今日は雨が降ってるから、いつもと違う感じがするね。

2 雨を観察してみよう

雨の日の園庭は、土もどろどろになっています。そして大きな水たまりができていることに気づくでしょう。雨は空から地面や遊具に落ちてきます。いろいろなところに落ちる雨粒、音（強弱）の違いにも気づけるように、耳を澄ましてみましょう。

雨の日の自然にふれて五感を刺激し、「驚きの発見」をしたり「自然の不思議」に興味が持てるようにしましょう。

［疑問］から［知りたい］という気持ちが育つことを期待し、子どもたちの発言を大切にしていきます。

水たまり発見！

雨がはねてる！

3 園庭であそんでみよう

雨上がりの園庭は水を含み、土も遊具も濡れています。水たまりをのぞいたり、草が生えているところで虫探しをするなど、一人ひとりが興味を持った場所で、何かを発見できるようにしていきましょう。自分で発見し、それを友だちや保育者に伝える表情には、驚きやうれしさがいっぱいあふれていることでしょう。

雨がやんで散歩に出てきたのかな？

4 カタツムリを飼育しよう

園庭で見つけたカタツムリ。その動きを観察してみましょう。つのや目はどこにあるのかな？　カタツムリは何を食べて大きくなるのかな？　様々な疑問が生まれてきたら、みんなで話しあう機会を設けましょう。

子どもたちからえさについて意見が出たら、カタツムリに与えてみましょう。食べ物によって、うんちの色は変わるのかな？　カタツムリの動きなども観察しましょう。知ることがどんどん楽しくなります。

保育のねらい

雨が降っている日に戸外であそび、身近な自然の観察などから晴れの日との違いを発見し、興味・関心を持つ。

	活動内容	用意するもの・環境設定	望まれる子どもの姿	指導上の留意点
5/30	○雨の日の散歩をする。	○レインコート ○タオル ○着替え	○レインコートに落ちる雨の音に気づく。 ○雨に濡れたアスファルトや土のにおい、色の変化に気づく。	○雨の音に興味が持てるようなことばかけをし、実際に耳を傾けられるようにする。 ○子どもの発言に共感しながら、思ったことや感じたことを積極的に話せるようにする。
6/15	○雨の日に園庭であそぶ。	○レインコート ○ミルク缶 ○タオル ○着替え	○水たまりを発見する。 ○水たまりに興味を示し、のぞいたり、手や足を入れたりする。 ○遊具に落ちる雨とミルク缶に落ちる雨など、雨が落ちた場所による音の違いに気づく。	○様々な雨の音が聴けるようにくふうし、落ちる場所によって様々な音があることに気づけるようにする。
6/18 保育ドキュメント	○雨がやんだあとの園庭であそぶ。	○レインコート ○スコップ ○バケツ ○着替え	○水たまりの大きさの変化に気づく。 ○園庭にいる生き物を発見する。 ○遊具や葉についている雨粒に気づく。	○友だちの発見に対して、みんなで共感しあったり、自分の気持ちをことばで表現できるように働きかけたりして、子どもの思いを引きだせるようにする。
6/19	○カタツムリを飼育する。	○飼育ケース ○土 ○木の枝 ○葉 ○野菜 ○霧吹き ○カタツムリの飼育方法などが載っている本	○えさやり当番を楽しみにしながら世話をする。 ○カタツムリの動きを観察し、友だちと伝えあう。 ○カタツムリのうんちを発見する。 ○カタツムリはどんな物を食べるかに興味を持つ。 ○「目はどこで口はどこ?」と、観察したり調べたりする。	○カタツムリは何を食べて大きくなるのか、みんなで話しあったり、本で調べたりする機会を設ける。 ○カタツムリを育てながら、命の大切さが伝わるようなことばかけをしていく。また、生きているから食べて排泄し、大きくなっていくということを伝えていく。

保育ドキュメント

雨がやんだあとの園庭であそぼう

3歳児クラス　　13 名

保育者　　　　1 名

保育の記録

アドバイス

10:15

「雨がやんだから、園庭であそぼう」の声かけに「やった〜」と喜んでいた。雨はやんでいたが、念のためにレインコートを着てあそぶことにした。子どもたちは素早くレインコートを身につけていた。

「園庭に大きな海ができているかもしれないね」など、雨がやみ、園庭がどんなふうに変化しているのか、子どもたちが期待に胸をふくらませられるようなことばかけをするとよかったのではないかと思います。

10:25

園庭へ出ると、すぐ水たまりへ近寄り、しゃがみこんで水面をのぞいていた。
水たまりの観察には興味を示さず、水たまりに入ってバシャバシャとあそびはじめている子もいた。

興味を示す内容やものに対しての感じ方は、子ども一人ひとり違うと思います。一人ひとりのようすを見ながら、その子の思いに共感し、どんどん子どもの発言が増えるようにしていきたいですね。

10:45

遊具に雨粒がたくさんついていることに気づいた子がいた。「葉っぱとお花にもあるんじゃない?」と言って雨粒を探していた。それを聞いていた友だちが、クモの巣を発見。「クモの巣にも雨粒がついてるね」と、気づいた。
雨粒に興味を示した子が、遊具についている雨粒を指でさわり、楽しんでいた。

友だちの意見に耳を傾け、互いに意見を伝えあう姿が見られてよかったですね。雨粒がついているところを見つけたことで、「雨はいろいろなところで降っていた」ということに気づいたのではないでしょうか。発見する喜びを感じたと思います。

11:00

草があるところにしゃがみこむとカタツムリを見つけ、動きを観察していた。発見したカタツムリは、バケツに入れて保育室に持ち帰った。

子どもたちがカタツムリの動きを観察しているとき、どんなことを感じながら見ていたのでしょうか?　その思いをたくさん引きだせるようなかかわりをしていきたいですね。

15:15

午睡後、保育室の窓から園庭を見ていた子どもが、「あっ!　水たまりがなくなっちゃった」と気づき、しばらくのあいだ、残念そうに見つめていた。

雨がやんでしばらくすると、水たまりが消えてしまうことに気づいたのですね。どうして水たまりはなくなったのでしょう?　不思議な現象から、疑問がわいてきたことでしょう。「なぜ?」「どうして?」の好奇心がふくらみ、知りたい気持ちが育つようにしていきたいですね。

ドキュメンテーション Part3に掲載

ワンダーぐみ

保育ドキュメンテーション

20XX年
6月
雨の日の発見

雨の日の戸外はどんな感じなのかな？　天気のよい日とどう違うのかな？
雨の日だからこそ見えてくる風景から、どんなものが発見できるのかな？
散歩へ出かけ、そのあと、園庭でもあそんでみました。

Part 1 雨の日の散歩

5月30日

雨の日に散歩へ出かけ、雨が当たる感触を味わいながら歩きました。地面やアスファルトが濡れて色が変わったり、晴れの日とは違うにおいがしたりすることに気づく子もいました。

レインコートを着て出発。
「外は雨！」。期待に胸がふくらみます。

「ポツポツ当たった！」「何かくさいにおいがする」「草のにおいじゃない？」

Part 2 雨の日の観察

6月15日

園庭は雨の音でいっぱい！　大きな水たまりも発見しました。屋根から落ちる雨の音や、ミルク缶に落ちる雨音を聴きました。子どもたちは、大きな水たまりにいちばん興味を示していました。

「雨が（ミルク缶の）中に入ってるよ」「だんだん雨が多くなってきたね！」

「あっ！　大きい水たまり！！」。雨の波紋を見ながら
「何かいるんじゃない？」とのぞきこんでいました。

Part3 雨がやんだあとの園庭であそぼう
6月18日

雨がやんだばかりの園庭。大きな水たまりに大喜び。そして葉や遊具についている雨粒を発見して、じっと観察したり、さわったりしていました。午後になって水たまりが消えてしまったことに気づき、自然の不思議さを感じて、ずっと外を眺めている姿が見られました。

「大きな水たまり！ 泳いでみたいなぁ」

雨粒を指さし「キラキラしてきれい」「さわってみよう〜」

「先生!! 水たまりがなくなった！ 先生見て一」
「ハート形の水たまりがなくなっちゃったね」

Part4 カタツムリを育てよう！
6月19日

草が生えているところにしゃがみこんで虫探しを始めた子どもたち。「あっ！ ダンゴムシいた」「カタツムリもいたよ」と見ていました。カタツムリを飼育することになり、えさとして小松菜やにんじんを与えてみました。興味から知識を深めて、蓄えていく力を育てます。

飼育ケースに葉と土を入れました。
「カタツムリさんのおうちだよ」

「みどりのうんちだね」

子どもの成長・発達

子どもたちは観察する力がつき、身近なものに興味を持ち、知識を深めることができるようになってきました。6月のあそびプロジェクトは「雨の日の自然に興味を持つ」ことをねらいとしました。雨の日に戸外で活動する機会は少ないと思いますが、散歩に出かけ、子どもたちの観察力と好奇心を引きだしながら、いろいろな発見ができるよう働きかけました。発見する驚きや喜びから、「どうして？」「不思議だな」という疑問が生まれ、「知りたい」気持ちが育ってくれたらと思います。そして、見つけた小さな命を大切にすることで、優しさや思いやりも育みたいと思います。

※最近の研究で、カタツムリには感染症を引き起こす寄生虫がいる可能性もあるといわれています。ふれたあとは手を洗うようご指導ください。

7月

生活習慣プロジェクト

排泄・自分で伝えよう

　4月から繰り返し知らせていた排泄の方法が子どもたちにも定着しつつある7月。トイレの使い方やマナーなどを再確認しながら、排泄を自分でできるようにします。理解力もついてくるので、体と食物・栄養との関係や健康についても伝え、排泄の自立への意欲を引きだしていきましょう。また、自分の思いをことばで保育者などに伝えられるように、援助していきます。

1 体のしくみを知ろう！

プロジェクトの導入として、体のしくみを知らせましょう。保育者や友だち、人間の体や食べ物、自然物や虫など、身近な人やもの、事柄に対する関心が増し、なんでも「知りたい！」と意欲的な子どもたちの興味を広げられるようにします。

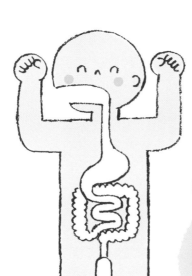

ポイント！ **感染症、汚物処理について把握する**

ノロウイルスやロタウイルスによる感染性胃腸炎は、便にいる菌にふれることでさらに感染が広がるので、汚れたオムツやパンツは素早く処理しましょう。また、おしりを拭く際は、乳児・幼児共に「前から後ろ」が基本です。特に女児は尿道や膣に細菌が入らないよう、前から後ろにそっと拭くようにしましょう。保育者間で共通意識を持ち、感染の拡大を防ぎます。

2 活動前に排泄を済ませよう！

活動前にトイレへ行く習慣づけをしましょう。「途中で行きたくならないように先に行っておこう」と声をかけ、排泄を済ませてから活動する習慣をつけていくと、「○○をする前に、トイレに行こう」と、生活の見通しを持って自分でトイレに行けるようになってきます。

出たらあそぼうね　トイレ　さぁ、あそぼう！

3 排泄の意思を自分で伝えよう！

進級直後の4月ごろは、新しい環境に慣れず、言いたいことを我慢してしまう姿も見られていました。保育者や友だちとの信頼関係が深まると、徐々に自己を発揮できるようになり、「おしっこしたい」「おなかが痛い」など、自分で伝えることができるようになってきます。排泄に限らず、どんなことでも話せるような雰囲気づくりをしていきましょう。

保育者にうれしいことを伝えるときの子どもの表情は輝いていますが、言いにくいことを伝えるときは暗く、言いだせずにうつむいていることもあります。例えば、おもらしをしてしまったときも、そばに寄り添い「どうしたの？」と優しく声をかけ、子どもにことばで伝えるよう促します。「おしっこ出ちゃった」と言えたら「ちゃんと言えてえらかったね！」とほめましょう。暗い表情が一気に明るくなり「次はもっと早く言う！」と意欲もわいてきます。

4 みんなにほめてもらおう！

できるようになったことを周りの人に知ってもらうと、注目を浴びたり「すごいね！」とうれしいことばをかけてもらえます。その「うれしい」をたくさん経験することで、意欲や自主性が高まり、友だちをほめたりできるようになります。このような経験の積み重ねによって、友だちとのかかわり方がじょうずになり、トラブルも少なくなっていきます。

保育のねらい　尿意を保育者に知らせ、自分で排泄や始末をする。

	活動内容	用意するもの・環境設定	望まれる子どもの姿	指導上の留意点
7/1	○体のしくみについて知る。 ○トイレの約束事を確認する。 ○みんなでトイレの使い方の練習をする。	○体のしくみのパネル ○いす ○セロハンテープ ○トイレを清潔にし、安全点検をしておく。	○体のしくみについて知る。 ○食べ物と体の関係に興味を持つ。 ○トイレの使い方、排泄後の始末のしかたを確認しあい、実際に行ってみる。 ○スリッパをそろえる。	○体のしくみについてわかりやすく説明する。 ○一人ひとりに声をかけながら、忘れがちな約束事を思いだせるようにしたり、できないことは手を添えて、自分でできるように促したりしていく。
7/12	○相撲・腕相撲の取り組みを行う。 ○プールあそびをする。 ○活動前にトイレに行く。	○まわし○土俵○巧技台 ○取り組み表 ○水着○バスタオル ○バッグ○お茶 ○コップ ○十分な着替えスペースを確保する。 ○室温とプールの水深・水温を確認する。	○並んでトイレに行き、順番に排泄する。 ○男児は相撲、女児は腕相撲の取り組みをする。 ○相撲の取り組みが終わったら、水着に着替える。 ○シャワーで汗を流し、異年齢児とプールあそびを楽しむ。 ○十分に水分補給をする。	○活動前に排泄を済ませることの大切さを知らせる。 ○年上の友だちの取り組みを見て、ルールや技を覚えられるようにする。 ○服や水着の着脱では、できないことをさりげなく援助していく。 ○プールでの危険なあそび方を示し注意して、安全に楽しめるようにする。
7/23 **保育ドキュメント**	○尿意を感じたら、活動前にトイレに行く。 ○シャボン玉あそびやおにごっこをする。 ○園庭あそびをする。	○シャボン玉セット ○手洗いセット○帽子 ○お茶○コップ ○汗拭きタオル ○固定遊具の安全点検をしておく。 ○トイレを清潔にし、安全点検をしておく。	○あそびの途中やあそんだあとに汗をかいたら、自分からタオルで拭いたり、水分補給をする。 ○あそびの途中で尿意を感じたら保育者に知らせ、トイレで排泄する。	○園庭に出る前に、排泄の大切さを伝えておく。 ○ルールを守りあそぶ楽しさを味わえるようにする。 ○活動前にシャボン玉の特性について知らせ、興味を引きだしておく。 ○汗の始末や水分補給を促す声かけをする。 ○尿意を知らせ排泄できた子どもを十分にほめる。
7/31	○コーナーあそびをする。 ○友だちとおもちゃを共有し、なかよくあそぶ。 ○排泄後は、またあそびの輪に戻り、続きを楽しむ。	○子どもたちの興味のあるあそびをコーナー分けする。 ○トイレに行く際、使っていたおもちゃを預かっておく場所を設定する。 ○友だちや保育者、保護者にほめてもらう場をつくる。	○排尿・排便のタイミングがわかり、自分からあそびを中断し尿意・便意を知らせ、トイレで排泄する。 ○成功をみんなにほめてもらうことを喜び、自信がつく。	○子どもどうしのかかわりを見守り、よい場面を見逃さず十分に認めていく。 ○尿意をうまくことばで伝えられない子どものサインに気づき、優しく声をかけトイレに誘っていく。 ○間に合わずに失敗しても、落ち着いて対処し、ほめたり励ます機会をつくり自信へとつなげていく。

保育ドキュメント

排泄・自分で伝えよう

3歳児クラス	13 名
保育者	1 名

保育の記録 　　　　　　　　アドバイス

10:00

戸外あそびの約束事を伝えるなかで「おしっこしたくなったらどうする?」と子どもに問いかけ、活動前にトイレに行くことの意識づけをした。

生活やあそびのなかでの約束事はとてもだいじですね。一人ひとりの発達に差はあっても、声をかけるタイミングがあそびの途中ではなく始まりであることが、自分の意思で伝えられるよいきっかけになります。

10:15

「いっしょにやろう!」と子どもどうしが誘いあって、しろつめくさの花束をプレゼントしたり、シャボン玉やおにごっこを楽しんでいた。畑のいちごが赤くなっているのを見つけ、「おいしそう!」と大喜び。収穫し「いいにおーい」とにおいをかいでいる。「たくさん赤くなったらみんなで食べようね」と次の収穫に期待が持てるように話した。

夢中であそぶ楽しさを損なうことなく、排泄の自立へつながる活動として充実させるためには、保育者が意識して子どもたち一人ひとりの声に耳を傾け、成長の芽を見落とさないことが必要です。保育者が子どもの姿やしぐさを把握し、気づき、早めにそっと声をかけることがだいじですね。

10:30

ひとりが「先生!　おしっこ出る!」と言うと、近くの子どもも「ぼくも出る!」といっしょにトイレに行く。戻ったときに「教えてくれてえらかったね!」とみんなの前でほめると、うれしそうにあそびに戻って行った。そのようすを見ていた子が、しばらくしてから「うんちしたい!」とトイレに行く。うんちは出ずおしっこだけだったが「きちんと言えてえらかったね」と頭をなでると、喜んでみんなの輪に戻って行った。

戸外あそびでの排泄のタイミングは難しいですね。園庭あそびはすぐに園舎に入り対応できますが、遠くまで行く場合は、出かける前にしておくことがだいじだと意識づけることが大切です。
ほめるときは、個々でほめるか、全体の前でほめるか見極めましょう。

11:00

「そろそろお部屋に入りますよ」の保育者の声かけで集合し、部屋に戻った。手洗い・うがいを行い、活動中にトイレに行かなかった子は、排泄を済ませてから食事に移った。せっけんをつけすぎたり、手のひらだけ洗おうとする子には、繰り返し正しい洗い方を伝えていく。

楽しいあそびのあとは、排泄の習慣づけのために繰り返し知らせる大切なときです。排泄だけでなく、手洗い・うがいをしたり衣服の汚れに自分から気づけたりするようになることも、自立への一歩です。

➡ ドキュメンテーション Part3に掲載

ワンダーぐみ　保育ドキュメンテーション

20XX年

7月

排泄・自分で伝えよう

トイレでの排泄が習慣化し、基本的生活習慣も身についてきました。3歳児のこの時期は意思を持ち、やる気も出やすいので、子どもが納得しながら進められます。理解力もついてきて、体と食物・栄養の関係や排泄が健康のバロメーターであることを知らせました。

Part 1　体のしくみを知ろう！

7月1日

まずはどうやっておしっこやうんちが出るのか、人の体のしくみについて、パネルを使って知らせました。「食べたごはんはどうなるかな？」「よいうんちはどれかな？」など、子どもたちの考えも聞きながら、食べ物と栄養や排泄への関心を深めていきます。

体のしくみのパネルを用意しました。

「いろいろな食べ物をバランスよく食べると？」
「げんきモリモリー！！」

「好きな物ばかり食べるとどんなうんちになるか
考えてみよう」

Part 2　活動前に済ませよう！

7月12日

相撲・腕相撲とプールあそび。まわし姿や水着で行うため、途中でトイレに行きたくならないように、始める前にみんなで行きました。順番を待ったり一列に並んで歩く習慣も、少しずつ身についてきています。

一列に並んでトイレに
行きます。

トイレが空くまで順番待ち……。

「空いたよ！」と教えてくれました。

「相撲やプールの途中には、
トイレに行かないようにしないとね」

Part 3 自分で伝えよう！

7月23日

夢中になるとおしっこを我慢してでもあそび続けてしまう……。でも、おしっこを我慢するとおなかが痛くなったり膀胱炎（ぼうこうえん）になってしまうこともあると知り、自分の健康を考え、あそびの途中でも自分から保育者に尿意や便意を伝え、トイレに行こうとする姿が多く見られるようになりました。

「先生、おしっこしたい！」

「先生！　うんちしたい！」

Part 4 みんなにほめてもらおう！

7月31日

少しずつ身の回りのことが自分でできるようになってきた子どもたち。排泄の習慣も身についてきました。子どもはほめられることが大好きです。自主性や意欲を認めてもらい、友だちや保護者にもほめられることで自信がついてきています。

「出たらいっしょにあそぼう！」

「シャツはおなかも背中も入れるんだよね」

「手首まで洗うんだよね」

「えらかったね！」。保護者にもがんばりを伝え、ほめてもらいました。

子どもの成長・発達

排泄の自立には、体の成長だけでなく、知能とともに心の発達が必要です。子どもに声をかけるタイミングや、安心してトイレに行こうとする環境づくりを大切にしています。ことばが発達し、思いや要求を伝えられるようになったからといって、困ったことや言いにくいことをすぐに言えるようになるとは限りません。安心して自己を発揮できるおとなとの信頼関係を築いたり、自分を認めてもらったという自己肯定感をたくさん高めたりできるようにしたいですね。そのことが意欲、そして生活習慣の自立にもつながっていきます。

8月

あそびプロジェクト

絵の具であそぼう

3歳児になると、色の認識が明確になってきます。造形活動で身近な絵の具に様々な素材を混ぜて、いつもと違ったあそびを楽しみましょう。今までにしたことのない経験をすることが、新たな刺激になります。軽装であそべる夏だからこそ、開放感も同時に味わうことができるでしょう。

1 色水でジュース屋さんごっこをしよう

子どもたちの目の前で、水の入ったペットボトルに絵の具を入れて振り、色水ができるようすを見せて興味を引きだしていきます。何ジュースになったかという問いかけに、子どもの思いのままのことばが飛び交い、ジュース屋さんごっこへと展開していきます。

ペットボトルのふたに、製作のあとに残った絵の具を入れて、ふたを閉めて振って色水を作る。

何ジュースになるかな？

いちごジュースがいい

みかんジュースだ！

2 色水でシャボン玉あそびをしよう

ジュース屋さんごっこで残った色水にシャボン玉液を入れて、シャボン玉あそびをしましょう。色がわかるように白い紙を用意して吹きつけると、シャボン玉アートを作ることができます。

8月 プロジェクト

あそびプロジェクト

3章　保育ドキュメンテーションの作成

3 フィンガーペインティングをしよう

テーブルいっぱいに敷いたつるつるの紙の上に、洗濯のりを混ぜた絵の具を広げて手で伸ばし、フィンガーペインティングを楽しみます。指で模様や絵が描けることに気づき、楽しみが広がります。

4 スライムを作ってあそぼう

スライムを作ってみましょう。ビヨーンと伸ばしたり、手にくっつくねっとりとした不思議な感触を楽しむことができます。

材料
・カップ（プリン・ゼリーなどの空き容器）
・色水　・洗濯のり　・割り箸
・ホウ砂（ホウ砂１：水10で溶く）
※ホウ砂は口に入れたりすると危険なので、保育者が水で溶く。取り扱い後は十分手を洗い、子どもたちの手の届かないところで保管する。

作り方

1 カップに半分ぐらい色水を入れる。

2 1に洗濯のりを8分目ぐらいまで入れる。

3 水に溶いたホウ砂を少しずつ加え、割り箸で混ぜる。

4 伸びるくらいの硬さになったらできあがり。

保育のねらい　絵の具の色の変化や様々な素材の感触を味わう。

	活動内容	用意するもの・環境設定	望まれる子どもの姿	指導上の留意点
8/1	○絵の具で色水を作る。	○絵の具 ○ペットボトル ○カップ（プリン・ゼリーなどの空き容器）	○絵の具をペットボトルに入れて水に溶かすと、透明な水に色がつくことに興味を持ち、ジュース屋さんごっこをしてあそぶ。 ○作った色水を混ぜ、色の変化を楽しむ。	○色水あそびがごっこあそびに発展するようなことばかけをする。 ○色の変化の不思議さや、子どもたちの驚きなどを受け止め、共感する。
8/2	○色水を使って、シャボン玉あそびをする。	○色水 ○シャボン玉液 ○カップ（プリン・ゼリーなどの空き容器） ○ストロー ○模造紙（白） ○段ボール（模造紙の台紙として）	○色つきのシャボン玉に興味を持ち、喜んであそぶ。 ○紙に向かって吹き、割れたときの色のつき方を見て喜ぶ。	○シャボン玉液を使うときの約束事を確認し、飲みこまないように指導する。心配な子はそばで見守る。
8/5 保育ドキュメント	○フィンガーペインティングをする。	○絵の具 ○洗濯のり ○テーブルにつるつるした紙を敷き詰めておく。 ○あらかじめ決めておいたグループに分かれて行う。	○絵の具と洗濯のりが混ざるおもしろさや感触を、手のひらや指でさわって楽しむ。	○1グループにひとり保育者がつき、援助する。 ○保育者が手本を見せ、興味を持てるようにする。 ○汚れてもよい服装で行い、開放的にあそべるようにする。
8/6	○スライムを作ってあそぶ。	○カップ（プリン・ゼリーなどの空き容器） ○色水 ○洗濯のり ○割り箸 ○ホウ砂（水に溶く） ○テーブルにビニールを敷いておく。	○スライムのできる過程に興味を持つ。 ○スライムの感触や特性を楽しむ。	○ホウ砂は保育者が水に溶いておく。 ○子どもたちといっしょに材料を一つひとつ混ぜ、スライムのできる過程がわかるようにする。 ○保育者もいっしょにあそびながら楽しみ方を伝えていく。

フィンガーペインティングをしよう

3歳児クラス	26名
保育者	3名

保育の記録

アドバイス

10:00

汚れてもよい服装に着替える。着替えに時間のかかる子もいたが、ほとんどの子がひとりで着替えることができ、脱いだ服の始末もできていた。

ふだん使わない服のため、名前の書いていない物が予想以上に多かったです。子どもになじみのない物は紛失する可能性が高いことも、保護者に伝えておくとよいでしょう。

10:20

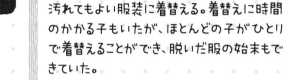

園庭に用意したテーブルや絵の具を見て、「何するの?」と興味津々で聞いてきた。テーブルの上に洗濯のりを混ぜた絵の具を広げると、「あーっ」と言いながら目を輝かせていた。「みんなもやりたい?」と聞くと、「やりたーい!」とうれしそうに答えていた。

用具の持ち運びは、お手伝いのひとつとして経験できる場所を設けましょう。自分でできる喜びを感じることができます。
グループ活動の経験がないと、グループでの活動のしかたがわからず戸惑う子もいるので、その気持ちを受け止めた声かけや援助が必要です。

10:35

実際にさわってみると、ぬるぬるとした感触に抵抗のある子もいたが、大胆にあそんでいる友だちにつられ、少しずつさわる範囲が広がってきた。

ふれたときの感触について、素直に発した子どもの声を集めてことばにしていくと、ことばへの興味も広がり、楽しめます。

10:50

だんだんあそび方がダイナミックになってきて、汚れも気にせず「キャーキャー」と喜びながら楽しんでいた。

服があまり汚れていない子も含め、みんなすてきな笑顔で、楽しんでいるようすが見えました。あそんだあとのものを利用して、壁面などの作品にするのもよいでしょう。

ドキュメンテーション Part3に掲載

ワンダーぐみ　保育ドキュメンテーション

20XX年

8月

絵の具であそぼう

絵の具の片づけ中に色のついた水が流れてきたのを見て、子どもたちは「あ、ジュースみたい」「きれいだね」と驚きの声。「ジュースを作ってみようか」と声をかけ、色水でジュース作りをしました。これをきっかけに、シャボン玉やフィンガーペインティング、スライムなど様々な素材を使った感触あそびを思い切り楽しみました。

Part 1 色水でジュース屋さんごっこをしよう

8月1日

製作で残った絵の具を使って、色水を作りました。赤、青、緑、黄の4色の色水でジュース屋さんごっこが始まり、複数の色水を混ぜて色の変化も楽しみました。

「いらっしゃいませ、何ジュースにしますか?」

「ぼくはバナナジュースを混ぜてみよう。どんなジュースになるかな?」

Part 2 色水でシャボン玉あそびをしよう

8月2日

ジュース屋さんで使った色水に、シャボン玉液を入れ、今度はシャボン玉あそびです。
空中では色がついているのがわかりづらかったのですが、白い紙に向かって吹くと、色の楽しさを感じることができました。

「フーッ」「優しく吹いてね」

「紙に向かって吹いたら、絵が描けたよ」

Part 3 フィンガーペインティングをしよう

8月5日

絵の具への興味が深まり、大胆なあそびへと発展。絵の具と洗濯のりの感触をダイナミックに楽しむとともに、開放感も味わうことができました。あそんだあとは、壁面製作にも利用しました。

「絵の具の海で泳いでいるみたいだね」

「絵の具のぬるぬるを指で引っかいたら絵が描けたよ」

大きな池にかえるがいっぱい。みんなで作った壁面です。

Part 4 スライムを作ってあそぼう

8月6日

スライム作りに挑戦。ホウ砂入りの「魔法の水」を洗濯のりに加え、できあがった独特の感触に最初は戸惑っていた子どもたち。慣れてくると、ビヨーンと伸びるおもしろさに喜んでいました。

「さあ、魔法の水を混ぜてみよう」

「わぁー！　ジュースがねばねばに変身したよー！　不思議だね」

子どもの成長・発達

8月のあそびプロジェクトは、日ごろ、製作などに使う絵の具を用いて、「混色のおもしろさや、混ぜるものによって変わる様々な感触を楽しむ」ことをねらいとしました。3歳児は、人のまねをしたい時期です。まず保育者がやってみると子どもは興味を持ち、自分もさわってみたいと、期待感や想像力をふくらませます。そして、実際にやってみるといろいろな感触を味わうことができました。また、ダイナミックにあそぶことは心と体を解放し、様々な感覚を養います。このあそびを通して、子どもと保育者、子どもどうしのコミュニケーションも深まりました。

9月

あそびプロジェクト

マイボールを作ってあそぼう

子どもたちは友だちとあそぶ楽しさを知り、ルールに従ってあそべるようになってきました。自分たちで染めた布でボールを作り、ゲームへとつなげてみましょう。自分でボールを作り、ボールを作ることで、子どもたちの発想も豊かになり、ゲームにも集中して取り組めるでしょう。集中してあそぶことで情緒が安定し、活動への意欲につながっていきます。

1 タマネギで布を染めよう

「これ、なーんだ？」とタマネギの色水を見せます。
「わからない」「黄色の水」「ジュース」。
保育者の問いかけに、思いをことばにして伝えてくれるでしょう。子どもは、視覚・嗅覚・触覚と感覚を総動員しながら観察しています。
クッキングヒーターで染液を作るときは、安全面にも十分配慮しましょう。

（作り方）

① タマネギの皮を煮て染液を作り、輪ゴムでしばった布を入れて、さらに煮る。

② 染まった布を、ミョウバンを溶かした液、中性洗剤を溶かした液、水の順につけてよくすすぐ。

③ 広げて干して乾かす。

2 マイボールを作ろう

染めた布を使ってボールを作りましょう。お弁当袋のひもを引っぱるなど、日ごろ意識しながら手指の発達を促してきたことの延長作業です。
引っぱるとどんな形になるか、改めて実体験で学んでみましょう。

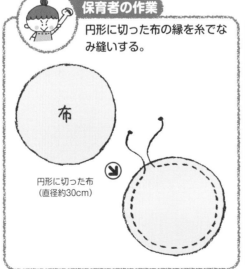

保育者の作業
円形に切った布の縁を糸でなみ縫いする。

布（直径約30cm）
円形に切った布

子どもの作業
布の中央にタオルをのせて糸を引っぱり、形を整えればできあがり！
手を傷つけないように注意する。
ボールの完成

92

3 マイボールであそぼう

ボールができたら、自由にあそびましょう。物の特性を生かして、自分たちでくふうしようとする姿が見られます。気づきや発見を大切にし、あそびが発展するように、環境を準備します。

4 ゲームをしよう

おもしろい、楽しいと感じ、チャレンジする力やくふうする力を育てるために、少しずつゲームのレベルを上げていきます。あそびながら、○△□の形や数がわかったり、どうしたら落とさないように運べるかなどを考える力も育っていきます。

準備するもの

・マイボール　・ソリの形にした段ボール
※床にビニールテープを○△□の形に貼る。

あそび方

1 マイボールを持って、
○△□の中に入ってみよう。

2 ソリを使って○△□の中に
マイボールを運んでみよう。

3 2人組になって運んでみよう。

保育のねらい　身近な不思議に気づき、保育者といっしょに考えようとする。

	活動内容	用意するもの・環境設定	望まれる子どもの姿	指導上の留意点
9/10	○野菜や果物で色水あそびをする。	○旬の野菜・果物 ○ビニール袋 ○水 ○野菜はもみやすいように切っておく。	○野菜からどんな色水ができるか、自分なりにくふうしてみる。 ○できた色水を見せあったり、量やもむときの力加減などをくふうする。	○色が出るもの、出ないもの、もみ方などで色の変化があることに気づけるようにことばかけをする。
9/11	○タマネギの皮で布を染める。	○タマネギの皮 ○鍋（煮出し用） ○クッキングヒーター ○染める布 ○輪ゴム ○中性洗剤 ○ミョウバン ○水	○布や輪ゴムを使い、自分なりの布染めを楽しむ。 ○保育者がタマネギの皮を煮だしているところを見る。 ○しあがりを楽しみにしながら、最後まで作業を終える。	○安全面に配慮し、煮ているあいだは鍋をさわらないようにする。 ○子どものつぶやきや発見を見逃さないようにし、共感する。 ○子どものイメージを大切にしていく。
9/12	○マイボールを作る。	○円形に切ってなみ縫いした布 ○タオル	○自分で染めた布のしあがりを楽しむ。 ○布と糸を使い、くふうしながらボール作りを楽しむ。	○できた形や感触など、友だちと話をすることでイメージを共有できるようにする。
9/12	○マイボールであそぶ。	○車に見立てた段ボール箱	○できたボールで思い思いにあそぶ。	○子どもの発想を大切にし、くふうしてあそぶ子を認め、周りにも伝える。 ○保育者もいっしょにあそび、楽しさを共感する。
9/13 14	○引っ越しゲームをする。	○マイボール ○ソリに見立てた段ボール ○床に、ビニールテープを○△□の形に貼っておく。	○作ったボールを使い、友だちやグループで引っ越しゲームを楽しむ。	○落とさないように運ぶにはどうしたらいいか、子どもたちが自分で考えられるようにことばをかけていく。 ○ルールをわかりやすく伝え、繰り返し行う。

保育ドキュメント

保育ドキュメント　　　　　　　　　　　20XX年9月13日

引っ越しゲームをしよう

3歳児クラス	14名
保育者	2名

保育の記録

10:00

ボールをひとりずつ手渡してもらう。ボールを見ると「ぼくのボール!」「昨日ボールあそびしたなあ」とあそびを振り返る姿がある。

10:10

保育者が○△□を大きくビニールテープで床に貼ると「先生何するの?」と声が上がる。「○△□のおうちにみんなのボールを届けてあげよう」の声かけで、保育者の合図を待ってボールを運んだ。瞬時に判断ができず、友だちが移動するのを見てから動く子もいた。

10:20

昨日のあそびを覚えていて、「段ボールの箱は?」と子どものほうから声が上がるのを見計らって、段ボールを出した。
昨日と違う形を見て「滑り台みたい」と言う。少人数に分かれ、ボールを運ぶ。早く運ぼうとしてボールを落としたり、自分のボールがわからなくなったりして、トラブルになることも。「みんなのだいじなボール、どうやったら落とさないで運べるかなあ?」と問いかけると、あそびを繰り返すなかで「ゆっくり運んだらいいんだよ」「落ちかけたら、ストップ」と自分の気づきをことばにしていた。
「先生のボールも運んで」と段ボールにのせると、「私のものせて」と段ボールに何個のるかを試したり、2人で運んだりする姿があった。

11:00

十分あそんだあと、明日は2チームに分かれて競争することを伝えた。

アドバイス

3歳児になると、記憶力が発達してきて興味を持つ時間が持続します。昨日、今日、明日という連続したあそびができる環境を準備しましょう。

保育者が計画したことを押しつけるのではなく、自分からやってみようという意欲を引きだせるようにしましょう。それには、環境を整備し、子どもの気づきやつぶやきを拾い、共感し、あそびを広げていくことが大切です。

トラブルがあった場合、すぐに止めるのではなく、見守ることも大切です。
○△□の形、数の多い・少ない、ゆっくり・早いなど、あそびのなかで子どもたちと対話しながら、いっしょに考えていけることばかけをしましょう。
子どもの発想を友だちにも伝えて、イメージを共有するとともに提案やヒントを投げかけるなどして、あそびが発展していくようにしましょう。

保育者が教育的視点を持ち、どうしてこの保育をするのか、この保育をすることで子どものどんな育ちがあるのかを振り返っていくことが大切です。

ドキュメンテーション Part4に掲載

ワンダーぐみ

保育ドキュメンテーション

20XX年

9月

マイボールを作ってあそぼう

3歳児になると、遊具や用具を組み合わせた、簡単なルールのあるあそびができるようになってきます。自分が作ったものであそぶことで、満足感を持ち、積極的にあそんだり、運動の苦手な子どもも意欲的に取り組めるようになったりします。あそびを積み重ねる体験をしながら、運動会へとつなげていきましょう。

Part 1 タマネギで布を染めよう

9月11日

保育者がタマネギの皮を煮て、布を染めていくようすを見て「やってみたい」という気持ちが出てきています。色が変化していく過程で「どうして?」「すごい!」と思う気持ちは、科学的思考の現れ。自分で考える力につながります。

「見て見て〜! タマネギで染めたら黄色くなったよ!」

Part 2 マイボールを作ろう

9月12日

保育者といっしょに染めた布を使ってボールを作ることで、「できた」という満足感を味わうことができます。円形の布の縁を縫った糸を引っぱってボールになっていくおもしろさを楽しみます。

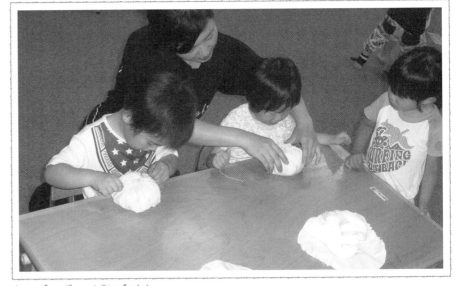

力いっぱい、ぎゅーっと引っぱります。

Part **3** マイボールで あそぼう

9月12日

「頭にのせたよ！」

作ったボールの形ややわらかさから、転がしたり持ち上げたり上に座ったりと、あそびをくふうします。

十分楽しんだあと、部屋に段ボール箱があることに気づくと、さっそくボールを入れて押したり、引いたりしてあそびはじめました。「明日は引っ越しゲームをしよう」。マイボールを作ったことであそびが発展し、明日のあそびに期待がふくらみます。

ポーン！　じょうずに投げられたね。

「ボールをたくさん入れちゃおう！」

Part **4** ゲームをしよう

9月13日~14日

用具の貸し借りがまだじょうずにできないこの時期、マイボールを使うことであそびに集中できています。あそびに集中することが、情緒の安定やチャレンジしようという意欲にもつながり、物を大切にしようとする気持ちも芽生えます。ゲームを繰り返すなかで、友だちのことを意識し、応援したり、どうしたらうまく運べるかなどを考える力にもつながります。

ホールでのボールあそびは、開放感いっぱい！

どうしたらうまく運べるか、みんなで相談。

くふうしてあそんでほしいと、運びにくいソリ形の段ボールを用意しました。対話しながらあそぶことで、子どもは自ら気づく力を身につけます。気づく力は学びへの第一歩です。ルールのあるあそびで、自分がどうすればいいのかを予測する力や、コミュニケーション力が育ち、運動会にもつながっていきます。

子どもの成長・発達

子どもの成長には、発達の連続性と積み重ねが大切です。集中したあそびを繰り返すことで、トラブルもありますが、そこから相手を受け入れる力もついてきます。これは、子どもの社会性とともに自己肯定感を育むことにもつながります。

10月

10月　プロジェクト

生活習慣プロジェクト

不審者対応訓練
―自分で自分を守るために―

社会ではいろいろなことが起こります。いざというときに、自分自身を守る方法を子どもたちに知らせておくことはとても大切です。基本的な対処法が身につくように、日々の保育に取り入れていきましょう。

---

1 おにごっこで身を守ろう

あそびのなかで、身を守る方法を身につけましょう。急にしゃがむと一瞬で見えなくなり、ジグザグに走って急に向きを変えるとつかまりにくく、また寝転がってダダをこねるようにバタバタ手足を動かすと、抱きかかえにくくなります。保育のなかで敏捷性を養える活動です。

2 絵本やDVDで危険を学ぼう

絵本やDVDを見ながら、身の回りの危険や、危険から身を守る方法を学びます。暗くて恐ろしい表現を怖がる子には、そばでいっしょに見たり、安心できる声かけをしながら見るようにしましょう。

こうやってしゃがみましょう!

知らない人に声をかけられたらどうする? 危険なあそび場は? など、ポイントを確認しましょう。

 ## 不審者対応訓練に参加しよう

不審者が園に侵入してきたらどうする？　予告なしで園で行う訓練に参加します。保育者の声や園内放送を
よく聞いて、安全に素早く行動することを体験します。

 ## 緊急時の約束を確認しよう

みんなで約束カードを作りましょう。下絵を描いた画用紙に色をつけながら、緊急時の約束を再確認します。
完成したら、壁などに貼っておいてもいいですね。

準備するもの
・画用紙（下絵を描いておく）
・クレヨン　・絵の具　・雑巾

危険や怖いことばかりを伝えていると、子どもたちの不安が募ります。日々の保育で、繰り返し伝えたり、
訓練したりすることは大切ですが、毎日元気に楽しくあそぶなかで身につけられるようにすることがポイ
ントです。

保育のねらい　自分の身を守る方法を知る。
安全について考え、子どもたちの意識を高める。

	活動内容	用意するもの・環境設定	望まれる子どもの姿	指導上の留意点
10/21	○おにごっこをする。	○動きやすい広いスペース ○笛	○ルールを知り、守りながら楽しくおにごっこをする。 ○保育者の笛の合図で素早く動く。	○保育者の笛の合図で素早く動くよう、声かけをする。
10/22	○絵本を見る。	○不審者対応の内容の絵本	○不審者がどんな人か知る。 ○自分自身で身を守る方法を知る。	○不審者が危険であることや身を守ることの大切さを知らせる。 ○静かに絵本を見るように声かけをする。
10/23　保育ドキュメント	○不審者対応訓練に参加する。	○保育者のひとりが不審者の役をする。	○不審者に気づいたら、保育者に従い逃げる。 ○大声を出して危険を知らせる。	○不審者役の保育者は、子どもに恐怖心を与えないような服装や動きをする。 ○逃げるときの約束事を子どもたちと確認する。
10/23	○約束カードを作る（いかのおすし）。	○画用紙 ○クレヨン ○絵の具 ○雑巾	○絵について話をしたり、友だちと話をしながら「いかのおすし」（緊急時の約束事）のカードを作り、意味を知る。	○完成形をイメージしながらカードを作り、期待が持てるようにことばかけをする。 ○みんなで力を合わせてしあげることができるように声かけをする。

保育ドキュメント

不審者対応訓練 ー自分で自分を守るためにー

3歳児クラス	**20**名
保育者	**2**名

保育の記録

アドバイス

12:30

予定通り、砂場に出てあそぶ。
スコップやざる・バケツなどのおもちゃで、山やトンネルを作る。

事件や事故は通常の保育のなかで起こることを頭に置き、あそびのときの保育者の立ち位置を常に確認しておくことが必要です。

12:40

不審者(役)が侵入したことを知らせる放送や保育者の指示を聞き、近くの保育室へ避難する。列の先頭と最後尾には保育者がつく。

担当保育者による不意の訓練を行いました。保育者自身もあわてないことがポイントです。避難時、安全確認のため最後尾に保育者がついたのは適切でしたね。非常時には、保育者どうしで声をかけあい、確認しながらの避難を心がけましょう。

12:45

子どもたち全員が入室したあと、保育者は施錠して人数確認をし、1名は不審者(役)の確保へ向かった。子どもたちは、緊張しながら保育者の誘導に従っていた。

子どもの安全を確認したあと、不審者対応に向かったのは適切でした。また、保育者の真剣さが子どもの避難態度のよさにつながったのだと思います。子ども対応の保育者は、できるだけ1人ではなく2人以上いるようにしてください。

12:55

不審者(役)確保の放送を聞いた。
訓練の内容、逃げるときの注意や約束などを再確認した。
みんなで感想などを伝えあった。

不審者対応訓練の内容、流れを子どもたちにわかりやすく解説し、不安にならないように話をしたのはよかったと思います。逃げるときの約束などを子どもたちと再度確認しながら話しあい、自然に身につくようにしましょう。

ドキュメンテーション Part3に掲載

ワンダーぐみ　保育ドキュメンテーション

20XX年 **10**月

不審者対応訓練 —自分で自分を守るために—

日常生活のなかで、危険はどこにひそんでいるかわかりません。身を守る大切さについて理解し、訓練を重ねて、いざというときでもおびえないで動けるように学びます。

Part1 おにごっこで身を守ろう

おにごっこであそびながら、敏捷性を養います。素早く体を丸めて小さくなったり、しゃがんで脇をしめることでつかまりにくくなります。

10月21日

おにごっこ。つかまりそうになったら、脇をしめてしゃがみます。

ぎゅーっと丸まって、だんごむしのポーズ。

Part2 絵本で危険を学ぼう

絵本を通して、生活のなかで注意することや怖い場所などを確認しておき、いざというときに備えます。毎日通っている道やあそんでいる公園でも油断はできません。危ないところがないか、点検しておくことが大切です。

10月22日

絵本を見ながら同じポーズをとり、身を守る方法を学びます。

突然知らない人が近づいて来たら、勇気を出して大きな声を出しましょう。

Part3 逃げる！ 逃げる！

10月23日

予告なしで突然不審者対応訓練をしました。保育者があわてず、落ち着いて声を出し、安全に誘導します。

不審者は、近くにいるかもしれませんよ。

不審者が子どもたちをねらっています。

保育者の大きな声や園内放送に従い、近くの保育室に避難します。

子どもの安全確保、人数確認、連絡を素早く行います。

子どもたちが安全に避難したら、保育者は不審者確保の応援に向かいます。

子どもの成長・発達

10月のプロジェクトは、自分で自分を守ることをねらいとして行いました。園の中だけでなく、地域でも同様に身近に危険がひそんでいます。いざというときに身を守ることの大切さと訓練の重要性を伝え、いろいろな状況での対処法を身につけられるようにします。

11月

あそびプロジェクト

消防車を見に行こう

―消防署見学―

11月は消防署見学に行きます。火の危険や消防車についての知識を深めたうえで、一人ひとりが目的を持って見学をし、気づいたことを発表しあいましょう。自分の知り得た知識を人に伝える喜びを体験することで、知ることへの意欲も増します。

1　どんな車かな？　消防車を知ろう

火の危険や消防車の必要性、活躍がわかる絵本やDVDなどを見ます。毎月の避難訓練のあとなど防災意識が高まっているときに行うと、さらにスムーズに導入できるでしょう。DVDや拡大写真などを用いて、消防車の不思議を発見し、消防署見学への意欲を高めましょう。

子どもたちが発見した不思議（消防車のパーツなど）は、「お探しカード」にします。「対象物の写真や絵」「対象物の名前」「園児氏名欄」を用意し、一人ひとりが目的を持って見学できるように配慮します。子どもたちの考えを予想し、カードは保育者が準備しておきましょう。

2　消防署を見学しよう

消防署見学に行きます。子どもたちは大興奮することでしょう。見学の前に、消防署内での約束事を確認し、ルールを守って行動できるように促します。じっくり見学できる時間がとれるように、消防署にはあらかじめ趣旨を伝えておきます。質問ができる子には、簡単な質問をしてもらいましょう。担当の「お探しカード」のものを発見した子は、対象物といっしょに写真に収めます。

③ 振り返って話してみよう

消防署見学の振り返りを行いましょう。保育者が主導しながら、見学時に撮影した写真や「お探しカード」を使い、見学を思い出せるように配慮します。担当した「お探しカード」については、一人ひとり成果を発表してみましょう。

④ 思い出を絵で表現してみよう

見学の思い出を絵にしましょう。ホワイトボードに、見学時の写真や使用した教材などを貼り、絵本や資料も自由に手に取れるように用意して、子ども自身が「見ながら・考えながら・思い出しながら」じっくりと描けるように設定します。絵ができたら、保育者は成果を十分に認め、子どもどうしで認めあえるような雰囲気をつくり、子どもたちが達成感と満足感を得られるようにしましょう。

保育のねらい　消防車について自分なりに不思議を発見し、実際に見学に行き、確かめる。
目的や目標を持って物事を行い、その成果を発表したり、絵で表現したりする。

	活動内容	用意するもの・環境設定	望まれる子どもの姿	指導上の留意点
11/5	○避難訓練に参加する。 ○絵本やDVDを見る。 ○消防車の不思議を発見する。 ○「お探しカード」を配布する。	○火にまつわる絵本や消防車の活躍がわかるDVD ○消防車の拡大写真や本 ○「お探しカード」(消防車のパーツが描かれたカード) ○ホワイトボード	○絵本やDVDを通して消防車をじっくり観察する。 ○自らの発見や疑問を保育者や友だちに伝える。	○プロジェクトの見通しと目的を明確にし、視覚的要素を用いながら情報を伝えたり、提供したりする。 ○ことばでじょうずに表現できない子どもの考えや想像をくみ取り、ことばにする。
11/7 保育ドキュメント	○消防署見学	○「お探しカード」 ○カメラ	○約束事を守り、消防署の方の話を最後まで聞く。 ○疑問に思ったことを周りの人に伝えることができる。 ○消防署の方に質問をすることができる。 ○担当の「お探しカード」の対象物を責任を持って発見することができる。	○消防署内での約束事を確認する。 ○見学の目的を確認し、意識を高める。 ○恥ずかしさや人見知りで話ができない子には援助を行う。 ○発見したものは、写真に収める(できれば子どもも含む)。
11/9	○見学の振り返りと発表	○見学で撮影した写真 ○消防車の拡大写真 ○「お探しカード」 ○ホワイトボード	○消防署での活動を思い出すとともに、自分の成果を発表できる。 ○「それ知ってる!」とことばにしたり、知っていることへの喜びを感じる。	○保育者主導で写真を見ながら、消防署見学を振り返る。
11/9	○お絵描きと発表	○画用紙 ○クレヨン ○ホワイトボード	○写真を見ながら、思い出し、考え、じっくりと絵を描いていく。 ○描いた絵を発表できるとともに、特に力を入れて描いた箇所を教えることができる。	○写真を見ながら絵を描けるように設定する。 ○見学して知ったことを絵で表現するように促し、完成したらほめる。

保育ドキュメント

消防署を見学しよう

3歳児クラス	12名
保育者	1名

保育の記録

9:45

園バスに乗車し、保育園を出発する。
出発前に消防署内での約束事やあいさつを確認した。また、「お探しカード」を用いて目的を確認しあうことにより、スムーズに見学できるよう配慮した。
消防署の見学が楽しみで、興奮している子もいたため、落ち着くよう促した。

10:00

消防署に到着した。
「おはようございます。よろしくお願いします」とあいさつをし、案内していただく消防署の方から簡単な説明を受けた。
また、園側からおおまかな見学の趣旨を伝えた。

10:10

消防署を、無線室→事務室→仮眠室の順番で見学した。「消防の人はお泊まりしているの?」「給食を食べるところがあった!」など、普段見ることのできない消防署の施設に感動するとともに、消防署で働く人たちの生活を想像する姿が見られた。

10:30

消防車についての質問をした。
担当の「お探しカード」を配布した。「はしごは、どこにありますか?」と自ら質問できる子もいたが、恥ずかしさや人見知りもあり、黙りこんでしまう子もいたので、「いっしょに質問してみようか」と声かけをしつつ行った。
「こっちに○○があるよ!」「先生、これ見つけた!」と、先に発見して教えあう姿も見られた。
担当の「お探しカード」のものを見つけることができたら、写真に収めた。

11:00

「ありがとうございました」とお礼を言って、消防署見学を終了した。

アドバイス

普段できていることでも雰囲気の違う場所では、いつも通りにできるとは限りません。確認を行うことは必要ですね。
出発前に再度、目的を確認したことにより意識が高まり、その後の活動がスムーズに行えてよかったですね。

消防署の方に趣旨を伝えたことにより、こちらのねらいを汲んでいただけてよかったですね。

比較的サッと進んでしまったこともあり、興味があっても、なかなか質問できない子も見られましたね。「○○ちゃん、何か不思議なところはある?」など、声かけをして質問しやすくしてもよかったかもしれません。

自分から聞くことができずに保育者にフォローしてもらっていた子も満足そうな表情を浮かべていましたね。振り返りで絵を描いたときに自分の「お探しカード」のものを丁寧に描いていたので、印象に強く残ったのでしょう。
消防車以外にも様々な乗り物があったので、乗り物図鑑などを持参していけばもっと楽しみの幅が広がったかもしれませんね。

→ ドキュメンテーション Part2に掲載

11月 ドキュメント

ワンダーぐみ

保育ドキュメンテーション

20XX年
11月

消防車ってどんな車？ー消防署見学ー

みんなが知っている消防車。本物の消防車を見学に行きました。
事前に絵本・映像・写真を見て発見した消防車の不思議を消防署の方に質問したり、実際に操作して教えていただいたりしました。保育室には「わたしははしごを見つけたよ！」「消火器もあったよ！」と子どもたちの教えあう声があふれていました。
最後に思い出を絵に残すと、それぞれの体験が表現されていました。

Part1 消防車って、どんな車かな？

11月5日

毎月の避難訓練のあと、火の危険が描かれている絵本を読み、火に対する防災意識を高めるとともに消防車の必要性や活躍を話しました。
「消防車についてお勉強して消防署に行こう！」と提案し、みんなでDVDなどを見て不思議を発見。「お探しカード」を作成し、消防署で見つけようと決めました。

火にはたくさんの危険がひそんでいます。

「お水はどこにあるの？」と○○くん。

「私ははしごを探します」

Part2 消防署見学

11月7日

消防署へ見学に行きました。ひとりで質問できた子もいれば、恥ずかしくて保育者の補助を受けながらの子もいました。みんな初めて近くで見る消防車に興味津々のようす！　消防署の方の説明に不思議そうな顔で真剣に聞き入っていました。

ドキドキ!!　ちゃんと質問できるかな？？

お水はここにたまっているんだよ。

「お探しカード」のホースを発見！

Part3 消防署での発見を
お話ししよう

11月9日

消防署での成果をみんなの前で発表。一人ひとりが担当した「お探しカード」についてお話ししました。

あそこはどんな感じだったかな？

「消火器はここにありました」とみんなに報告。

 Part4 消防署での発見を
絵にしよう

11月9日

見学時の写真などを見て、絵を描きました。なかには自分が担当した「お探しカード」のものを入念に描いている子も。十分に "知る力" と "知る意欲" を伸ばすことができました。

見学に行ったときの写真を見ながら、
消防車の絵を描いてみよう。

見ながら、考えながら、思い出しながら……。

はしごやホース、案内してくれた署員の方まで
描き表しました。

子どもの成長・発達

11月のあそびプロジェクトは、「消防署の見学を通して、知る力と知る意欲を伸ばすこと」をねらいとしました。子どもたちは知的好奇心が旺盛で、様々な事物の動きや意味について徐々に理解している段階です。達成体験を積み重ねることにより、自己効力感（自己に対する信頼感や有能感）が高まり、自らの積極性へとつながっていきます。今回は消防車という身近なものを題材とし「知る・学ぶ」⇒「目的を持つ」⇒「達成感を得る」といった一連の流れを体験することができました。知ることによる気づきの連鎖を大切にして、子どもたちの知る力と知る意欲を伸ばしていきたいと考えます。

あそびプロジェクト

劇あそびで、絵本の続きを表現しよう

12月のプロジェクトでは親切についての絵本を見たあとに、「ありがとう」の気持ちを劇あそびで表現してみます。友だちやおとなから親切にされたときどんな気持ちになるか、また自分が親切にしたときどんな気持ちになるかを想像して、挑戦してみましょう。

1 絵本を読んでもらおう

絵本『しんせつなともだち』（福音館書店）の読み聞かせをします。おはなしは、「冬の日、食べるものがなくなった子うさぎが雪のなかで2つのかぶを見つけます。子うさぎはひとつを食べ、おなかをすかせているのではと、もうひとつをろばに届けます。でも、ろばは同じ思いでやぎへ、やぎはしかへ、しかは子うさぎへとかぶを届けました。目を覚ましてかぶを見たうさぎはビックリ！　でも、親切な友だちが届けてくれたことがすぐわかりました」というもの。子どもの心に、感謝の気持ちが芽生えてほしいと思います。

2 絵本の続きを想像しよう

友だちからプレゼントをもらったあとに、どんなおはなしの続きがあるかをみんなで考えます。どんな気持ちになるかな？　そのあと何をするかな？　と想像して絵を描けるよう、ことばかけをしましょう。

3 どう表現するかを考えよう

グループに分かれ、具体的な表現のしかたについて考えましょう。だれがどの動物を演じるのか、保育者が語りかけながら決めます。登場する動物が、どうやって相手に気持ちを伝えるかを考えて、実際にやってみましょう。日常で繰り返す経験がことばの定着につながり、情緒とことばの関連づけが深まります。

4 人前で演じてみよう

グループで表現したものを、みんなで物語として演じます。発表会などで保護者に見てもらうことで、子どもたちの表現・意欲を共有して、さらに子どもたちの日常的な表現の力を高める環境へとつなげましょう。

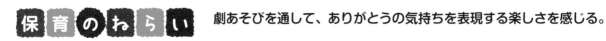 劇あそびを通して、ありがとうの気持ちを表現する楽しさを感じる。

	活動内容	用意するもの・環境設定	望まれる子どもの姿	指導上の留意点
12/1	○絵本『しんせつなともだち』を読み聞かせる。	○絵本『しんせつなともだち』	○今まで何度か見ている絵本を繰り返し楽しそうに見る。	○お気に入りの絵本をさらに楽しめるように、登場する動物によって声を変えるなどくふうする。
12/3	○日常のなかで、感謝のことばを使う。	○「ありがとう」を使うような、自然な状況を考えておく。	○生活の場面で「ありがとう」を言おうとする。	○子どもたちが、日常のなかで「ありがとう」を言えたときに、ほめるようにする。
12/5	○絵本の続きを考える。	○絵本『しんせつなともだち』 ○クレヨンなど ○画用紙	○想像したおはなしの続きのなかから、ピックアップした場面を描いてみる。	○自由な雰囲気で場面を描けるようにする。 ○いろいろな発想が出るように、ヒントをたくさん出す。
12/9	○絵本の続きを演じる。	○絵本『しんせつなともだち』 ○絵本に出てくる小道具 ○グループ分けをする。	○登場する動物がどう言うかをイメージしてまねをする。	○イメージしやすいように、登場する動物の振る舞いなどを提示する。
12/12 **保育ドキュメント**	○人前で演じる。	○おはなしのナレーション ○音楽 ○小道具 ○舞台の準備をする。	○恥ずかしがりながらも勇気を持って演じる。 ○楽しく演じる。	○感謝のことばを表現するところで、一人ひとりの個性を出せるようにする。
12/15	○発表会で演技する。	○保護者に案内を出す。 ○観客席の準備をする。	○みんなで声を合わせてことばを言う。 ○気持ちをことばにして、見てもらう喜びを感じる。	○発表会当日の緊張感と、見てもらう期待感を盛り上げる。

劇あそびで、絵本の続きを表現しよう

3歳児クラス	**16** 名
保育者	**1** 名

保育の記録

アドバイス

10:00

絵本のどの役を演じるかを確認して、それぞれのグループで自由に演じてみる。
思い思いの動物を選ぶが、「ライオン!」などおはなしに出てこない動物を言う子もいる。ほかの動物は別のときにしようということで落ち着いた。

子どもたちがやりたいと思った役を自由に演じられるようにしたり、子どもがいろいろな役も体験してみようと思えるように働きかけることも必要ではないでしょうか。

10:10

絵本の続きがお礼をしていくという設定なので、それぞれお礼のことばを言う。身振り手振りなど保育者がやってみせる。
「ありがとー」「ありがとうございます」「……ありがとう」など、いろいろなありがとうが出てきた。

保育者の手本をまねることで、子どもたちの想像する力が高まり、いろいろやってみようという意欲につながります。押しつけにならないように気をつけましょう。

10:30

それぞれの演じるパートを見せあって楽しむ。ほかの園児のようすを見ながらいっしょに表現して楽しんでいた。
子うさぎはかわいく、ろばは大きな声でと違いを出そうとするが、同じようになってしまった。

自分の表現を見てもらい、楽しんだりほめられたりすることで、次もやろうという意欲につながります。しかし表現が苦手な子どもに押しつけると、かえってやりたくないという気持ちになることもあるので、無理強いはしないようにしましょう。

11:00

最後に、お礼を言われたらどんな気持ちになるかを問いかけたら、それぞれ考えていた。それぞれの意見を言うことで、お礼を言う意欲が高まったようだった。うれしかった、楽しかった、恥ずかしかったなどの感想があがった。

感謝の気持ちを演じたときにどう思ったかを確認するとともに、言われたときの気持ちも確認することで、「ありがとう」がいいことばだという実感が持てるようにしたいですね。ほかにも感謝の気持ちを探すことにもつながります。

→ ドキュメンテーション Part4に掲載

12月 ドキュメント

113

ワンダーぐみ　保育ドキュメンテーション

20XX年

12月

劇あそびで、絵本の続きを表現しよう

劇あそびを通して気持ちを表現することは、子どもたちの人間関係をつくり上げるうえで
とても大切なことです。劇あそびのなかでどのように表現していこうかと、子どもなりに
考えて体験していきます。

Part1 絵本を読んでもらおう

12月1日

絵本『しんせつなともだち』（福音館書店）の読み聞かせ。まずは題材となる絵本の世界を知ることで、子どもの心に感謝の気持ちが芽生えます。

絵本の世界に引き込まれていく子どもたち。様々な思いが子どもたちの心に芽生えてきます。

Part2 絵本の続きを考えよう

12月5日

絵本の最後、友だちからプレゼントをもらったあとに、どういうおはなしの続きができるかをみんなで考えました。劇あそびでは、登場するどの動物をやりたいかも保育者と話しながら決めました。

「ありがとうって、お礼を言いたいんじゃないかな？」「私は子うさぎをやりたいな」

Part**3** どう表現したら
いいかな？
12月9日

おはなしの続きは、みんなでお礼を言うことに決定。
では、どんな表現をしたらよいか、考えました。こ
とばや身振りなど、それぞれのやり方で、お礼を表
現します。

「お礼にはどういうことばがあるんだろう。どういうふうに言うのかな？」

 Part**4** 人前で
演じてみよう
12月12日

劇あそびで使うのは、ことばだけではありません。表情・身振り手振りも交え
て、人前で演じる楽しさを、緊張とともに体験します。終わってから、どんな
気持ちだったか、みんなで話しあいました。発表を見てもらったことへの感謝
の気持ちを持つことができました。

広い舞台で演じてみました。なんとなく恥ずかしいけれどがんばりましたね。

発表会の前に、クラスのお友だちや先生の前で演じました。

子どもの成長・発達

子どもたちはいろいろなことが自分でできるようになって、なんでも自分でしようとしはじめます。日常
生活の場面で行う基本的な習慣を、あそびを通して習得していくことはとてもだいじなことです。劇あそ
びを通して楽しみながら感謝の気持ちを伝えることを身につけたあとは、使ってみようという意欲と行動
につなげたいと思います。今後の様々な事柄を習得するうえで、土台となることでしょう。

1月

あそびプロジェクト

かるたで あそぼう

今月は、3歳児がめざましい成長をとげる「ことば」に焦点を当て、たくさんあるお正月あそびのなかでも、簡単な「かるた作り」にチャレンジします。1枚の絵カードを見て、同じ文字で始まることばを考える……。ことばを声に出すことが、楽しい・おもしろいと感じるとともに、楽しくあそぶためには決まりが大切だということにも気づいていきます。

1　いろいろなお正月あそびを知ろう

日本の代表的なお正月あそびには、たこあげ・羽根つきのように戸外であそぶもの、福わらい・すごろく・かるたのように家の中で楽しむものなどがあります。それらのあそび方を絵本『おしょうがつさんどんどこどん』（世界文化社）などを通して伝えましょう。身近で子どもたちがよく知っている、かるたあそびの導入として、絵カードあそびから取り組みます。

絵カードあそび

準備するもの

・ひと文字につき種類の違う2枚の絵カードを準備。
・カードの絵は、子どもたちの答えやすい食べ物・動物・植物・生活用品などから選ぶ。

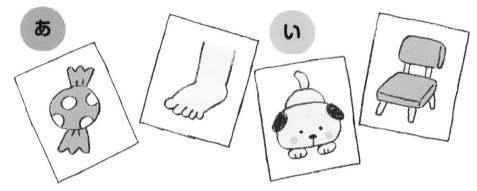

2　絵カードであそぼう

広いホールで、たくさんの絵カードのなかからことばの最初の文字が同じ2枚を、指名された子どもが探してあそびましょう。「あめ」「あし」……絵は違うけれど、同じ「あ」から始まることばであることに気づきます。絵と最初の文字との関係を知らせるために、みんなで『あいうえおのえほん』（金の星社）なども見ます。

なかなか見つけられないときは、周りの子たちで「近い、近い」の声かけをして応援しましょう。

あそびプロジェクト

3 かるたを作ろう

絵カードに描かれているもの以外のことばをみんなで考えます。子どもたちから出たことばを図案化した
カードを用意し、色を塗ってかるたを作ります。

最初の文字を聞いて、自分の知っていることばをどんどん
発表します。なかなか思いつかないときは、ほんの少し保
育者がヒントを出しましょう。

4 かるたであそぼう

ついに五十音分の絵が描かれたかるたの完成。いざ、ホールへ。同時に取ったときのルールを事前に決めて
おきましょう。保育者のことばをよく聞いて、かるたあそびを楽しみます。

1月 プロジェクト

117

保育のねらい　かるたを作り、それを使って楽しくあそぶ。

	活動内容	用意するもの・環境設定	望まれる子どもの姿	指導上の留意点
12/18	○お正月あそびの絵本を見る（お正月のあそびを知る）。	○絵本『おしょうがつさんどんどこどん』	○いろいろなお正月あそび（たこあげ・羽根つき・こま回し・福わらい・かるた）を知り、やってみたいという気持ちを持つ。	○年齢を考慮した絵本を選ぶ。 ○お正月を心待ちにするように、楽しい雰囲気で読む。
12/20	○絵カードあそびを楽しむ。	○絵カード（ひと文字につき2枚の絵カードを準備）	○カードに描かれている絵が何かを答える。 ○ことばを聞いて絵カードを取る（指名された子が2枚取る）。	○2枚目のカードは見つけにくいので、カードのそばまでいったら「近い、近い」とみんなで声かけをし応援する。
12/26	○絵カードあそびを楽しむ。	○絵カード	○ことばを聞いて絵カードを取る（みんなで一斉に取る）。	○床に広げる枚数を少なめにして、カードを見つけやすいようにする。
1/6	○絵本を見る（絵と音節の関係を知る）。	○絵本『あいうえおのえほん』	○絵と文字を同時に見てかるたの形式を知る。	○絵と文字の関係を、絵本を通して伝える。 ○かるた本来の形式（絵札に絵と文字がかかれている）に気づくようにする。
1/7	○かるたを作ろう①	○絵カード	○絵カードを見て、同じ文字で始まることばを考え発表してみる。	○子どもたちの言ったことばを記録する。それらを図案化し色塗りをすることを知らせ、期待感を高める。
1/8	○かるたを作ろう②	○絵カード（図案を描いたもの） ○クレヨン ○色えんぴつ ○見本カード	○絵カード（図案を描いたもの）の色塗りに根気よく取り組む。	○色が塗られたカードを、見本として準備しておく。 ○一生懸命取り組んでいる子どもたちに声かけをして励ます。
1/9 保育ドキュメント	○かるたであそぼう	○手作りかるた	○自分たちでルールを決める（同時に取ったときの対応など）。 ○かるたあそびを友だちといっしょに楽しむ。	○全員で取る、取れた子から応援にまわるなど、方法を変えながら、全員がかるたを取る楽しさを体験できるようにする。

保育ドキュメント

かるたであそぼう

3歳児クラス　　**13**名
保育者　　　　　**1**名

保育の記録

アドバイス

9:45

みんなで色塗りをしたかるたを使って、かるたあそびを始める。
「がんばろう!」というワクワクする期待感を引きだすよう話しかけた。

絵カードを見ながら、根気よく一生懸命塗ったことをほめましょう。子どもの自信を呼び起こすような働きかけは大切ですね。

10:00

はじめに名前を呼ばれた子がひとりずつ、保育者のことばを聞いてかるたを取ってみた。

子どもたちは、自分で色塗りをして作ったかるたに、思いのほか愛着がありましたね。また、見えやすいように(絵カードが重ならないように)意識したことはよかったです。
事前に子どもたち全員に、「順番に名前を呼ぶよ」と伝えてあったのもよかったですね。子どもたちの表情に安心感が見られました。

10:30

ことばを聞いて絵カードをじょうずに取っていたので、一斉に取るルールにしてあそぶ。
あそぶ前にひとつだけルールをつくった。
保育者から「同時に取ったらどうしたらいい?」の問いかけに、子どもたちから「じゃんけん!」の答えが返り、ルールのできあがり。

保育者の問いを予測していたのでしょうか。子どもたちから簡単に明瞭な答えが返りましたね。3歳児ですから、その場で子どもの意見を反映し守らせるのは難しいかな……と思いましたが、トラブルもなく楽しめたのは、保育者の「○○ちゃんが早かったね」などの審判が正確だったからです。子どものことをよく観察することは、保育者として常日ごろから大切にしたい姿勢ですね。また、全員で取る際には、みんなの輪を広げてけがの予防に配慮をしたこともよかったです。

10:50

競争となると、3歳児はまだまだ個人差が大きいため、同じ子どもが3枚・4枚と取れるのに対して、1枚も取れない子も見られた。取れた子から抜けて応援にまわるようにしたところ、全員が最後までかるた取りを楽しむことができた。

取れたかるたの枚数を正しく言えたり、自分の取ったかるたに書かれている五十音を答えたり、自分の取ったかるたがすべて果物の仲間であることに気づいたりと、子どもたちの成長を、保護者にも伝え喜びあいたいですね。また、子どもの声から次のあそびを深めていけるといいですね。

20XX年
1月

かるたであそぼう

日本の伝統的なお正月あそびである、かるた。3歳児らしい姿で「作る・あそぶ」に挑戦してみました。お正月が来ると何気なく展開されるかるたあそびですが、集中力や文字・数への興味を引き出す教育的効果があります。子どもたちに継承していきたい大切な文化です。

Part 1 いろいろなお正月あそびを知ろう

12月18日

絵本を見ていろいろなお正月あそびを知りました。

かるたではありませんが、最初の一歩はことばの当てっこあそびを楽しみました。たくさんの絵カードに描かれたものの名前を、元気に手を挙げて答えることができました。

「ハイ！ ハイ！」「○○です」

Part 2 絵カードであそぼう

12月20日

「『さ』のつくカード、2枚見つけるのは難しいなぁ……」

絵カードのなかから言われたことばと最初の文字が同じ絵カードを見つけてあそびます。「あめ」「あし」のように、絵は違うけれど、同じ「あ」で始まることばがあることに気づきます。

「近い、近い」。みんなで応援です。

かるたを作ろう
Part 3

1月8日

子どもが発想したことばを図案化し、いよいよかるた作りです。初めて絵カードに五十音のひと文字が書かれました。絵カードに色を塗り……、自分たちで初めて挑戦したかるた作りに満足感を味わいます。

どの色が同じかな？

「大きいから塗り潰すのが大変。でもがんばろう！」

じょうずに塗れたね。

かるたであそぼう
Part 4

1月9日

できあがったかるたで、みんなでいよいよかるた取りです。読み札はないので、「ライオン」と保育者のことばを聞いて絵カードを取ります。スピード感もあり迫力満点でした。かるた本来の読み札作りは、4歳児になってから挑戦します。

「どこにどんな絵カードがあるのかなぁ」。よ〜く見て先生のことばをよ〜く聞いて。

「みんなで作ったかるただよ！」

子どもの成長・発達

　1月のあそびプロジェクトは、ことばの発達にスポットを当て、お正月あそびのなかでも親しみのある「かるたを作り、それを使って楽しくあそぶ」ことをねらいとしました。友だちといっしょに簡単なルールのあそびをすることは、社会性の育ちの一歩です。また、かるたは読み札の最初の音節を聞いて絵札を取るあそびで、これは、小学校で文字を習いはじめる際の音節分解と同じです。
　あそびを通してルールの大切さを知ったり、数や文字に興味を持つきっかけになったりするので、繰り返し体験できるようにしたいと思います。

2月

生活習慣プロジェクト

あそびから確認できる生活習慣

進級に向けて、子どもたちの成長を確認する時期です。今月は生活習慣について紙芝居をもとに話しあい、子どもの意見を取り入れた生活あそびをコーナーあそびにして楽しみます。そのなかで一人ひとりの補う部分や伸ばす部分を確認し、保護者に「生活あそび確認表」で知らせ、保育のねらいを共有しましょう。

1 ポッカリ島（生活習慣コーナー）のイメージを広げよう

導入として、基本的生活習慣を取り上げた紙芝居『おうさまさぶちゃん』（童心社）を読み聞かせ、「自分のことが自分でできる王様かな？」という話しあいをし、あそびのなかで楽しく生活習慣の確認をしましょう。

★基本的生活習慣とは？

基本的生活習慣は、毎日の生活やあそびのなかで積み重ねたり、自分でできるようになったら保育者のかかわりを減らしたりすることで身につくものです。
衣服の着脱や食事、片づけ、ボタンの扱いや箸あそび、分類あそびなど、自然にできるまで毎日何度も同じかかわりを繰り返すことが大切です。一人ひとりの成長や発達に目を向け、それぞれの補う部分や伸ばす部分を確認しましょう。

2 ポッカリ島の王様グッズを作ろう

ポッカリ島の王様（基本的生活習慣がひとりでできる子ども）になることをイメージし、子どもといっしょにコーナーあそびの内容を考え、必要な道具の準備をしましょう。
話しあいをすると、「王様になりたい」「ひとりでできるよ」という声。
教えこむのではなく、子どもの意見を引きだすよう配慮し、連続性を意識した計画を立てることが大切です。必要な道具を自分たちで考えることで、期待感を高め、生活習慣への意欲や関心を引きだしていきましょう。

王冠
ジグザグに切った紙を
モールで飾る。

片づけのトレー
製氷皿とおはじきに
1〜10のシールを貼る。

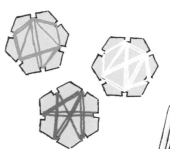

メダル
工作用紙に毛糸を
巻いて飾る。

 王様になろう！

自分たちで作った道具を使って、あそびます。繰り返しあそぶことが、生活習慣の自立ができているかどうかの確認になり、一層の自立につながります。メダルを3つとももらって王冠に貼ったら、王様です。

お風呂コーナー
衣服の着脱、たたみ、片づけができたら、
お風呂に入ってメダルを探す。

ビーズ
豆・マカロニ
スポンジ
（小さく
切ったもの）

レストランコーナー
箸あそびや、トングあそびができたら、
メダルをもらえる。

お片づけコーナー
おはじき、カラープレートなど、形や色の
確認あそびができたらメダルをもらえる。

 自分のことは自分でできるよ！
（生活あそび確認表・「ひとりでできたもんカード」の交換）

活動後、保護者に自分でできたところやがんばるところを「生活あそび確認表」で知らせ、また、家庭での取り組みや成長を「ひとりでできたもんカード」に書いてもらって交換し、園と家庭との連携を深めていきましょう。

園から **「生活あそび確認表」**

家庭から **「ひとりでできたもんカード」**

保育のねらい

コーナーあそびの道具作りや基本的生活習慣を取り入れた再現あそびを通して、自分の力でやりとげる達成感を得る。

	活動内容	用意するもの・環境設定	望まれる子どもの姿	指導上の留意点
2/3	○『おうさまさぶちゃん』を見る。	○紙芝居『おうさまさぶちゃん』 ○いす	○「さぶちゃん、あかちゃんみたいだね」「自分でするんだよ」など感想を話しあう。 ○王様になるコーナーについて意見を出しあう。	○話しあいのなかで、さぶちゃんを自分に置き換え、どうあるべきか気づくように促し、自分でやってみようとする意欲につなげる。 ○王様になるコーナーをいっしょに考えて、イメージを高める。
2/4	○王冠作り① ○工作用紙を切って飾る。	○色画用紙 ○モール ○はさみ ○のり ○木工用ボンド ○輪ゴム ○ホチキス ○工作用紙	○ポッカリ島の王様になることをイメージしながら王冠作りをする。 ○はさみを使うときの力加減を意識しながら、紙を山切りにする。 ○「カタツムリはペロペロキャンディーみたい」と、イメージをふくらませて作る。	○丁寧にかかわれるよう、少人数のグループに分ける。 ○はさみやのりなど、用具の使い方を再確認する。 ○王冠作りを通して、あそびへの期待感を高めるようにする。 ○工作用紙を切る際、十分にはさみに力が加わるよう、できない子には手を添えて指導する。
2/5	○王冠作り② ○王冠につけるメダルを作る。	○工作用紙 ○毛糸	○ポッカリ島の王様になることをイメージしながら、メダル作りをする。 ○毛糸の配色に気を配り、力を加減しながら糸をかける。	○毛糸をかける力の加減で、糸がたわんだり張ったりすることに気づけるようにする。 ○楽しいメダルになるように様々な色の毛糸を用意する。
2/6	○ポッカリ島のお片づけコーナーで使う、トレー作りをする。 ○自分の「生活あそびスケジュール」を決める。	○トレー　○製氷皿　○おはじき ○数字を書いたシール ○▲■●などの形の絵やプレート ○はさみ　○のり ○スケジュール表 ○フェルトペン	○知っている数字を言い、数に興味を示す。 ○はさみを使うときに、紙を持つ手の位置に気をつけながら、線の通りに切る。 ○ゆずりあってスケジュールを決める。	○数には順番があることを知らせ、数の概念を伝えていく。 ○スケジュール表を作り、コーナーが混みあわないよう配慮する。
2/7	○ポッカリ島を再現したコーナーであそぶ。 ○王様になった姿（王冠をかぶる）で写真を撮る。	○王冠　○メダル ○お風呂コーナー（脱衣かご、ビニールプール、カラーボール） ○レストランコーナー（机、テーブルクロス、箸、トング、豆、マカロニ、ビーズ、紙粘土で作った野菜、蕎麦に見立てたゴム、スポンジ、お椀） ○お片づけコーナー（片づけのトレー、机、本、おはじきやカラープレートをちらかす） ○カメラ　○いす	○お風呂コーナーではひとりで衣服を脱ぎ、丁寧にたたむ。 ○レストランコーナーでは、正しい箸の持ち方ができる。 ○お片づけコーナーでは、片づけながら数や形、色などに興味、関心を持つ。	○コーナーごとに、ご褒美のメダルを用意し、意欲が持てるようにする。 ○箸あそびが得意な子には、少しずつ難易度を上げ、興味や意欲を高めていく。 ○トレーや収納棚を用意し、片づけるときれいになり気持ちよいと感じられるようにする。 ○ひとりでやろうとする意欲を高めるために、「生活あそび確認表」を作り、家庭に知らせる。

保育ドキュメント

保 育 ド キ ュ メ ン ト

生活習慣を確認しよう

3歳児クラス	15名
保育者	1名

保育の記録

アドバイス

10:00

自分たちの作ったメダルやあそびの道具を使えることに期待が高まり、「早くあそびたい」「お風呂コーナーが楽しみ」という声が聞かれた。
ルールを説明し約束をしたあと、話しあって決めたスケジュールに従い、分かれてあそびを楽しんでいた。

数日かけて行う連続性のあるあそびは、「方向づけ」→「手本を見せる」→「理解を広げる」→「理解を深める」という形で計画性のある保育にすることで、子どもは継続的保育を体験できるようになります。今回の計画は連続性があり、子どもたちの期待感を高める楽しい活動につなげることができましたね。

10:10

《お風呂コーナー》
お風呂上がりに〇〇くんが衣服の前後を間違えて着ていると、△△ちゃんが「後ろ前だよ」と教えていた。それでも〇〇くんは気づかないので、保育者が「鏡を見てごらん」と促すと、自分の服の間違いに気づくことができた。

《レストランコーナー》
「きゅうりだ！ サラダみたい」「きれいなお菓子みたい」と見立てて楽しみながら、集中して取り組んでいた。
箸を使わずつい手づかみしてしまう子には「王様になれるようがんばろうね」と声をかけていった。

《お片づけコーナー》
自分たちで作った道具だからか、意欲的に片づけに取り組んでいた。
じょうずに手早く片づけられた子には、難易度を上げ、興味や関心を高めてみた。

《お風呂コーナー》
衣服の着脱に時間がかかる子もいましたが、ほとんどの子は最後まで取り組み、じょうずにたたんでいましたね。

《レストランコーナー》
細かいものをつまめない子は中指の使い方がうまくできていないようですね。給食の時間に丁寧に持ち方を指導すると同時に、家庭と連携をとっていく必要があります。

《お片づけコーナー》
片づけやすい環境を整えることは必要ですね。しかし、片づけとは、きれいにすると気持ちがよいこと、次の人のためにもなることを子どもたちが理解し、少しずつ生活が快適になるように援助していくことが大切です。

11:05

片づけ後、活動の振り返りをした。「自分のこと、自分でできたかな？」と聞くと、「メダルももらえたよ、王様になれたよ！」「もっとあそびたかった」という声が聞かれた。

「基本的生活習慣が身につく」ことは、自己管理の基礎が育つことにつながります。習慣づけるためには、毎日何度も同じ動作を繰り返すことや、徐々に保育者のかかわりを減らしていくことが必要です。今回の活動を通して、子どもの成長を確認できたと思うので、進級に向け個々へのかかわりを適切に調整しながら援助していきましょう。

11:15

王様のいすに座り写真を撮ると、思い思いの表情やポーズで、王様になれた喜びを表現していた。
「ひとりでできたもんカード」を用意し、園と家庭との連携を深めていく。

家庭と園との連携はだいじですね。園からの「生活あそび確認表」や家庭のようすを知らせてもらう「ひとりでできたもんカード」の返事が楽しみですね。お互いに保育のねらいを共有することで、共に育てる意識につなげていきましょう。

ドキュメンテーション Part3・4に掲載

ワンダーぐみ　保育ドキュメンテーション

20XX年 2月

あそびで確認できる生活習慣

紙芝居に出てきた王様さぶちゃんを見て、基本的生活習慣の確認としてポッカリ島の再現あそびをしました。ポッカリ島の王様になれるよう楽しいグッズを作り、お風呂コーナーでは衣服の着脱、レストランコーナーでは箸やトングの指先あそび、お片づけコーナーでは分類・分別に集中して取り組み、自分の力でやりとげました。各コーナーをクリアすると王冠に貼るメダルがもらえ、王様になれたことで達成感を感じ、大満足のようでした。

Part1 みんなで話しあい

導入として生活習慣についての紙芝居を使い、子どもたちと、自分でできることには何があるのか、生活習慣を確認するあそびにはどんなものがあるのかを話しあいました。

2月3日

「自分のことは自分でできるポッカリ島の王様になれるかな?」
「自分でごはん食べられるよ!」「自分でお洋服たためるよ!」

「どんなコーナーあそびがいいかな?」「箸が使えるレストランコーナーがいい!」
話しあいの結果、3つのあそびのコーナーが決まりました。

Part2 ポッカリ島の王様グッズを作ろう!

各コーナーで使う道具作りについてイメージをふくらませ、意見を出しあいました。

2月4~6日

「王様になるためには王冠がなくちゃね!」

「見て見て! 三角がいっぱいできたよ。お星さまみたいだね」

あそぶのが楽しみ!

「線に合わせて切れるようになったよ!」

3歳児は、手先を器用に使う微細運動能力が大きく発達する時期です。道具の適切な使い方を知り、細かな作業をすることで指先を動かす機能が育ち、集中力が身につきます。子どもたちの意見を取り入れ、モール、毛糸、はさみを使って、製作を楽しみました。

Part3 ポッカリ島の王様になろう

2月7日

「さあ！片づけるぞ」

「じょうずにたためたよ。お風呂にゴー！」

楽しみにしていたコーナーあそびの日。自分で作った王冠をかぶり、出発！ 各コーナーへ行き、自分の力で最後まで取り組むことができ、メダルを手にして満足そうでした。

「小さい豆もつまめたよ！」

やったー！みんな王様になったよ〜！

Part4 自分のことは自分でできるよ

2月7日

「生活あそび確認表」と「ひとりでできたもんカード」の交換をし、子どもの成長を家庭と園でいっしょに喜べました。

「生活あそび確認表」

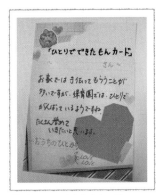
「ひとりでできたもんカード」

「自分でできましたよ！」

子どもの成長・発達

進級に向けて、「基本的生活習慣の確認」というねらいを立てました。基本的生活習慣は、自己管理の基礎となるもので、家庭と園双方の毎日の生活やあそびを通して、「毎日繰り返すこと」や「子ども自身でできるようになったら、おとなのかかわりを減らすこと」で身についていきます。3歳児は、何でも自分でやろうとする時期です。自分でできることが増えると自信がつき、様々なことに挑戦するようになります。時間がかかっても見守り、やり方や手順を知らせていきたいと思います。

3月

あそびプロジェクト

4歳児の部屋へ行こう！

進級まで残りわずかとなる3月。4歳児の部屋へあそびに行って進級することを身近に感じ、わらべうたあそびを通して楽しみながら進級を心待ちにします。進級への期待を育みましょう。

1　4歳児の部屋へ行こう！

　4歳児クラス（たんぽぽ組）へ行き、4月から過ごす部屋を見てみましょう。少し大きい机やいす、3歳児クラスにはない遊具を保育者や友だちと確認します。
　そこで4歳児の部屋への親しみや期待を感じることでしょう。

2　大きくなった自分の絵を描いてみよう

　大きくなるって、どんなことかな？　絵本『おおきくなるっていうことは』（童心社）を見て確認してみましょう。自分が大きくなっていることにも気づけるでしょう。そして、さらに大きな4歳児クラスになることに期待して、大きくなった自分を思い浮かべて顔を描いてみましょう。

 ## わらべうたあそび「ゆうびんはいたつ」

少し大きくなった自分の顔の絵を郵便バッグに入れて「ゆうびんはいたつ」のわらべうたあそびで4歳児クラスへ届けます。
わらべうたを楽しみながら進級への期待につなげましょう。

そくたつ（郵便バッグ）

友だちと役を交代しながら
わらべうたを歌います。

こづつみ（たんぽぽのコサージュ）

歌詞の「そくたつ」を「こづつみ」に替えます。
園長がおにになり、小包の箱を開けて、一人ひとりにコサージュをつけます。

ゆうびんはいたつ　（わらべうた）

ゆうびん　はいたつ　えっさっさ
そくたつ　はこんで　えっさっさ

全員コサージュをつけて、少し大きくなった顔の絵を飾ってもらうため、4歳児クラスへ届けましょう。

 ## いよいよ4歳児クラスになるよ

事前に絵を届けておいた4歳児クラスへ行きましょう。飾ってもらった自分の絵を見ることで、この部屋で過ごすことを楽しみに待つ気持ちになるでしょう。

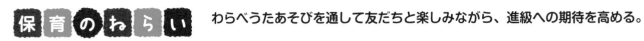 わらべうたあそびを通して友だちと楽しみながら、進級への期待を高める。

	活動内容	用意するもの・環境設定	望まれる子どもの姿	指導上の留意点
3/27	○4歳児クラスの部屋を見に行く。	○4歳児が生活している部屋 ○4歳児が使っている遊具・机・いすなどの生活用品	○4歳児の部屋で生活することを心待ちにする。 ○3歳児クラスの遊具や生活用品と比べ、ひとまわり大きかったり違ったりすることを発見して喜ぶ。	○4歳児クラスへ進級することを楽しみにしている思いに共感し、進級への期待を安心して持てるようにする。 ○3歳児と4歳児の部屋の違いをたずね、楽しく探索できるように準備しておく。
3/28	○『おおきくなるっていうことは』を読む。	○絵本『おおきくなるっていうことは』	○絵本を見て自身の成長に気づく。	○成長するとはどのようなことか、絵本の内容と自身を重ねてみることで気づけるよう声をかけていく。
	○少し大きくなった自分の顔を描く。	○画用紙 ○クレヨン	○ひとまわり大きくなった自身の姿をイメージして、楽しみながら描く。	○一人ひとりが自身の大きくなったイメージを持てるよう声をかけていく。
3/29	○わらべうたあそび「ゆうびんはいたつ」をする。	○輪になりあそべるスペース ○自分の顔を描いた絵 ○郵便バッグ	○わらべうたあそびに期待して参加する。 ○友だちといっしょにわらべうたあそびを楽しむ。	○あそび方を理解し、参加したいと思えるように説明する。 ○「ゆうびんはいたつ」のおにの順番に期待しながら参加できるようにする。
	○園長がおにになり「ゆうびんはいたつ」をし、子どもたちにコサージュをつける。	○たんぽぽのコサージュが入った箱	○園長からコサージュをつけてもらい喜ぶ。	○園長も担任もみんなが進級することを喜んでいることが、一人ひとりに伝わるようにする。
保育ドキュメント	○4歳児の部屋へ行き、自分の顔を描いた紙を4歳児クラス担当の保育者へ渡す。	○自分の顔を描いた絵	○4歳児クラスへ積極的に行こうとする。	○4歳児クラスを身近に感じている気持ちをことばで表し、共感する態度を示す。
3/30	○4歳児の部屋へ絵を見に行く。	○飾ってある自分の顔の絵	○友だちといっしょに進級することを実感し、楽しみとする。	○友だちといっしょに進級することが楽しみとなるよう声をかけていく。

わらべうたあそび「ゆうびんはいたつ」

3歳児クラス　**37**名

保育者　**1**名

保育の記録

アドバイス

10:00

先日描いた「少し大きくなったぼく・わたし」の絵を入れた郵便バッグを見せて、「ゆうびんはいたつ」のわらべうたあそびをした。歌は、数日前より保育のなかでうたっていたので、親しみながらうたい参加した。
おにになる順番がまわってこないとがっかりしていた。

子どもたちの大好きな、役が交代するわらべうたあそびですが、人数が多いと全員に役が当たらないので、おにを2人に増やすか、次に期待をつなげて終了し、近いうちに続きを行うといいですね。

10:10

郵便バッグをコサージュの入った箱に、歌詞の「そくたつ」を「こづつみ」に替えてあそんだ。小包の箱を開けて、たんぽぽのコサージュを見せ、ひとつ大きくなる印だと説明すると、とても楽しみにしていた。
園長がおにになり「ゆうびんはいたつ」のわらべうたをうたいはじめると、少し緊張したようすで自分のところに当たらないかと大変期待して待っていた。
当たると、進級するクラスの「たんぽぽ」のコサージュをつけてもらい、満足そうな笑顔を見せていた。

「そくたつ」の部分を「こづつみ」に替えてうたいましたが、慣れてきたら、ほかにも「おてがみ」「でんぽう」などに替えてあそびを変化させることも、やってみましょう。
保育者たちが手作りしたたんぽぽのコサージュを園長から直接つけてもらうことで、進級する喜びや期待が一気に高まったのではないでしょうか。
進級当日に登園してくる子どもたちの姿がとても楽しみです。

11:00

わらべうたのおに決め「オエビスダイコク」でだれが絵を運ぶかを決めて、たんぽぽ組へ持っていき保育者に渡した。みんな、とても緊張していた。

絵を運ぶ役は、だれもがやりたいと思っているでしょう。日ごろわらべうたでおにを決めるときに行っている「オエビスダイコク」は、子どもたちにも浸透しているので、運ぶ役をその方法で決めたことはみんな納得できてよかったですね。

ドキュメンテーション Part3に掲載

保育ドキュメンテーション

20XX 年

3月

4歳児の部屋へ行こう！

友だちといっしょに4歳児の部屋を見に行ったり、少し大きくなった自分の顔の絵を描いたりして、進級への期待感を盛り上げました。
わらべうたあそびを通して、進級を楽しみにする姿が見られました。

Part1 4歳児の部屋へ行こう！

3月27日

4歳児たんぽぽ組の部屋へ行き、3歳児の部屋とは違うものがたくさんあることに気づきました。違いを発見することに夢中になり、たんぽぽ組で生活することが楽しみになりました。

「見て見て！ ここでもあそべるよ」

いすの大きさが違うことに気づいて座ってみました。「大きいね」

Part2 大きくなった自分の絵を描いてみよう！

3月28日

大きくなるってどんなこと？ 絵本を読んで、自分たちが大きくなっているんだと確認しました。進級することでまた大きくなることをイメージして自分の顔を描いてみました。一人ひとりの持つイメージを絵で表しました。

大きくなるってそういうことなんだね。

「ちょっぴり大きくなった顔はこんな顔かな〜」

Part3 わらべうたあそび 「ゆうびんはいたつ」

3月29日

わらべうたあそび「ゆうびんはいたつ」をしました。いつ自分がおにになるのかドキドキしながら待ちました。ルールを守ってあそびを進められることも成長のひとつです。そして園長先生との「ゆうびんはいたつ」では、たんぽぽ組の印、たんぽぽのコサージュをつけてもらい、ますます進級が楽しみになりました。

「ゆうびんはいたつ えっさっさ……」。みんなが描いた絵を運びます。郵便配達の仕事を理解できました。

園長先生からたんぽぽのコサージュをつけてもらいました。

コサージュをつけてたんぽぽ組へ行きました。

「絵を飾ってくださいね」

Part4 いよいよ4歳児クラスになるよ

3月30日

事前に渡した絵が飾ってあるたんぽぽ組の部屋へ行きました。自分の描いた絵を探して見つけると、友だちに教えていました。たんぽぽ組になることをいっしょに身近に感じあっていたようです。

たんぽぽ組にみんなの絵が飾ってあって、進級への期待と実感を持つことができました。

「ここにあったよ」。友だちの絵も見つけました。

子どもの成長・発達

3月のあそびプロジェクトは「友だちと楽しみながら、進級への期待を高める」ことをねらいとしました。進級するとはどのようなことか、友だちと楽しみながら知ることで安心が得られ、期待を持つことができました。友だちと共感しあうことで育まれる期待は、集団生活だからこそ得られるものです。新しい年度がいよいよ始まります。友だちといっしょに育っていく姿に期待しましょう。

保育総合研究会沿革

1999年 10月　□保育の情報発信を柱にし、設立総会（東京　こどもの城）
　　　　　　　　　会長に中居林保育園園長（当時）・椛沢幸苗氏選出
　　　　　　　□保育・人材・子育ての3部会を設置
　　　　　　　□第1回定例会開催
　　　　12月　□広報誌第1号発行

2000年　5月　□最初の定時総会開催（東京　こどもの城）
　　　　　8月　□第4回定例会を京都市にて開催
　　　　　9月　□田口人材部会部会長、日本保育協会（以下、日保協）・
　　　　　　　　　保育士養成課程等委員会にて意見具申

2001年　1月　□第1回年次大会
　　　　　　　□チャイルドネットワーク
　　　　　　　　　「乳幼児にとってより良い連携を目指して」発行
　　　　　5月　□日保協機関誌『保育界』"シリーズ保育研究"執筆掲載
　　　　　　　　　（翌年4月号まで11回掲載）

2002年　3月　□「From Hoikuen」春号発行
　　　　　　　　　（翌年1月まで夏号・秋号・冬号4刊発行）
　　　　10月　□社会福祉医療事業団助成事業
　　　　　　　　　「子育て支援基金　特別分助成」要望書

2003年　3月　□年次大会を大阪市にて開催
　　　　　　　□保育雑誌『PriPri』（世界文化社）で指導計画執筆
　　　　　6月　□日保協機関誌『保育界』"シリーズ保育研究"執筆掲載
　　　　10月　□福祉医療機構
　　　　　　　　　「子育て支援能力向上プログラム開発の事業」

2004年　3月　□ホームページ開設（2008年リニューアル）
　　　　　7月　□第16回定例会を横浜市にて開催
　　　　10月　□子育て支援に関するアンケート調査

2005年　4月　□盛岡大学齋藤正典氏(当時)、保育学会で研修カルテを発表
　　　　　6月　□「研修カルテ-自己チェックの手引き」発行
　　　　　　　　　（研修カルテにおける自己評価の判断基準）
　　　　　　　□チャイルドアクションプランナー研修会
　　　　　　　　　（2回花巻／東京）
　　　　10月　□椛沢・坂﨑・東ヶ崎三役、内閣府にて意見交換

2006年　4月　□椛沢会長が自民党幼児教育小委員会で意見陳述
　　　　　　　□日保協理事長所長研修会
　　　　　　　　　青森大会研修カルテ広告掲載

2007年　4月　□「保育所の教育プログラム」（世界文化社）発行
　　　　　5月　□保育アドミニストレーター研修会（東京）
　　　　　7月　□日保協機関誌『保育界』"シリーズ保育研究"
　　　　　　　　　執筆掲載（2008年6月号まで12回掲載）
　　　　　8月　□第25回記念定例会「保育所教育セミナー」開催
　　　　　　　　　（東京大学　秋田教授）
　　　　　9月　□椛沢会長が「保育所保育指針」解説書検討
　　　　　　　　　ワーキンググループ（厚生労働省）に選出され執筆

2008年　7月　□日保協第30回全国青年保育者会議沖縄大会
　　　　　　　　　第1分科会担当
　　　　　9月　□日保協機関誌『保育界』"シリーズ保育研究"執筆掲載
　　　　　　　□坂﨑副会長が厚生労働省「次世代育成支援のための新たな
　　　　　　　　　制度体系の設計に関する保育事業者検討会」選出
　　　　11月　□「新保育所保育指針サポートブック」（世界文化社）発行

2009年　1月　□サポートブック研修会（4回：花巻／東京／大阪／熊本）
　　　　　3月　□「自己チェックリスト100」（世界文化社）発行
　　　　　5月　□チェックリスト研修会（2回：東京／大阪）
　　　　　9月　□坂﨑副会長が厚生労働省
　　　　　　　　　「少子化対策特別部会第二専門委員会」選出
　　　　10月　□日保協理事長所長研修会新潟大会　第4分科会担当
　　　　11月　□「新保育所保育指針サポートブックⅡ」
　　　　　　　　　（世界文化社）発行
　　　　　　　□海外視察研修会（イタリア）

2010年　2月　□サポートブックⅡ研修会（4回：花巻／東京／大阪／熊本）
　　　　　8月　□坂﨑副会長が内閣府
　　　　　　　　　「子ども子育て新システム基本WT」委員に選出
　　　　11月　□日保協理事長所長研修会岐阜大会　第4分科会担当

2011年　3月　□2010年度版保育科学研究
　　　　　　　　　乳幼児期の「保育所保育の必要性」に関する研究執筆
　　　　　6月　□サポートブックⅡ研修会（2回：函館／日田）
　　　　　9月　□保育科学研究所学術集会（椛沢会長発表）
　　　　10月　□全国理事長所長ゼミナール分科会担当

2012年　3月　□2011年度版保育科学研究
　　　　　　　　　乳幼児期の「保育所保育の必要性」に関する研究執筆
　　　　　9月　□保育科学研究所学術集会（坂﨑副会長発表）

2013年　2月　□保育サポートブック
　　　　　　　　　「0・1歳児クラスの教育」「2歳児クラスの教育」
　　　　　　　　　「5歳児クラスの教育」（世界文化社）発行
　　　　　4月　□坂﨑副会長が内閣府「子ども・子育て会議」全国委員に選出
　　　　　9月　□保育科学にて神戸大学訪問
　　　　　　　□保育ドキュメンテーション研修会（東京）

2014年　2月　□保育サポートブック
　　　　　　　　　「3歳児クラスの教育」
　　　　　　　　　「4歳児クラスの教育」（世界文化社）発行
　　　　　　　□定例会を沖縄にて開催
　　　　　3月　□2013年度版保育科学研究
　　　　　　　　　「乳幼児期の保育所保育の必要性に関する研究」執筆
　　　　　8月　□環太平洋乳幼児教育学会ポスター発表
　　　　　　　　　（インドネシア・バリ島）
　　　　　9月　□保育科学研究所学術集会（椛沢会長発表）
　　　　12月　□海外視察研修（スウェーデン／フランス）

2015年	1月	□「幼保連携型認定こども園教育・保育要領サポートブック」 （世界文化社）発行
	3月	□2014年度版保育科学研究「保育現場における科学的思考 とその根拠に関する研究」執筆
	6月	□次世代研究会 JAMEE'S 設立（高月美穂委員長）
	7月	□環太平洋乳幼児教育学会ポスター発表 （オーストラリア・シドニー）
	9月	□保育科学研究所学術集会（鬼塚和典発表）
2016年	1月	□「幼保連携型認定こども園教育・保育要領に基づく自己 チェックリスト100」（世界文化社）発行
	3月	□2015年度版保育科学研究「保育ドキュメンテーションを 媒介とした保育所保育と家庭の子育てとの連携・協働に関 する研究」執筆
	7月	□環太平洋乳幼児教育学会ポスター発表（タイ・バンコク）
	9月	□保育科学研究所第6回学術集会発表（矢野理絵）
	11月	□新幼稚園教育要領の文部科学省との勉強会開催
		□JAMEE'S 保育雑誌『PriPri』（世界文化社） 「子どものつぶやきから考える」執筆
2017年	3月	□2016年度版保育科学研究 「保育ドキュメンテーションを媒体とした保育所保育と家 庭の子育てとの連携・協働に関する研究」 「乳幼児教育における教育・保育に関わる要領や指針の在 り方に関する研究」執筆
	7月	□環太平洋乳幼児教育学会ポスター発表（フィリピン・セブ島）
	9月	□保育科学研究所第7回学術集会発表（田中啓昭・坂崎副会長）
	12月	□「平成30年度施行 新要領・指針サポートブック」 （世界文化社）発行
		□JAMEE'S 保育誌『PriPri』（世界文化社） 「0・1・2歳児の養護」執筆

2018年	1月	□新要領・指針サポートブック研修会 （4回：青森／大阪／東京／熊本）
	3月	□2017年度版保育科学研究 「幼保連携型認定こども園の現場における3歳未満児の教 育の在り方」に関する研究執筆
	7月	□環太平洋乳幼児教育学会ポスター発表（マレーシア・クチン）
	9月	□保育科学研究所学術集会（福澤紀子発表）
	10月	□「幼保連携型認定こども園に基づく自己チェックリスト100」 □「保育所保育指針に基づく自己チェックリスト100」 （世界文化社）発行
2019年	1月	□新要領・指針に基づく自己チェックリスト100研修会 （2回：東京／大阪）
	3月	□2018年度版保育科学研究 「幼保連携型認定こども園の現場における3歳未満児の教 育の在り方」に関する研究執筆
	9月	□保育科学研究所学術集会（岩橋道世発表）
	11月	□海外視察研修（アメリカ）
2020年	2月	□20周年記念年次大会（厚生労働省 鈴木次官）
	9月～12月	□オンラインにて定例会3回開催
2021年	2月	□改訂版保育サポートブック 「0・1歳児クラスの教育」「2歳児クラスの教育」 「3歳児クラスの教育」「4歳児クラスの教育」 「5歳児クラスの教育」（世界文化ワンダークリエイト）

定例会・年次大会には厚生労働省・内閣府・大学・医療機関などから講師を招き研修会を開催しています。現在会員は約100名。保育関係者などであれば誰でも参加できます。 （2021年2月現在）

〒574-0014　大阪府大東市寺川一丁目20-1　第2聖心保育園内
事務局長　永田久史　TEL072-874-0981 FAX072-874-0982
http://hosouken.xii.jp/hskblog/

3歳児執筆者一覧（五十音順）　2021年2月現在

秋山 尚子	中居林ふたば園	金谷 佐織	こども園あおもりよつば	志田原美江	春日こども園	寺田 和佳子	こども園こどまり	●事務局	
岩橋 道世	こども園るんびにい	椛沢 香澄	こども園こどまり	只野 裕子	こども園あおもりよつば	平林比呂美	境いずみ保育園	菊地 義行	境いずみ保育園
遠藤 浩平	門田報徳保育園	椛沢 幸苗	中居林こども園	田和由里子	春日こども園	平山 猛	さざなみ保育園	椛沢 伊知郎	こども園こどまり
小川美保子		坂崎 力紀	NOGIこども園	筒井 桂香	もとしろ認定こども園	本田 一幸	つばめこども園	●監修	
						松井 美香	春日こども園	坂﨑 隆浩	こども園ひがしどおり （保育総合研究会副会長）

監修に寄せて　坂﨑 隆浩

保育ドキュメンテーションは、子どもをより深く理解するという目的に加え、写真等を通じて可視化した子どもの姿や保育内容を保護者などに提示することで、保育の共有化や子育ての協同作業化を推進することを目的にしています。本書は「指導計画の作成・プロジェクト・実施・ドキュメント・省察・ドキュメンテーション」という一連のツールを用いて乳幼児教育のあり方を説明しています。子どもの会話や作品・保育VTRなどを考察するヨーロッパ式の方法もありますが、本書では保育総合研究会（会長・椛沢幸苗）が、0歳から積み上げられていく乳幼児教育を、保育活動を中心とした日本型保育ドキュメンテーションによって示しています。

本書は、前半では新要領・指針に沿った内容を、後半ではドキュメンテーションを記載しています。前半には、3歳という節目の時期を考え、新入園児及び継続園児に配慮した対応を、また柱である養護・5領域などを提示しました。日本の幼児教育は、長年「心情意欲及び態度」から学校への接続を意識してきましたが、今回さらに、生きる力の基礎を培う「育みたい3つの資質・能力」と、ねらいが拡大化しています。これは「主体的・対話的で深い学び」とも考えられます。集団による生活やあそびを通じた幼児教育は、友だちとの関わりが増える3歳以降により深まっていきます。3歳児の特徴や教育をとらえた上での環境整備が大切になることも十分理解できるところでしょう。

満4歳になり、集団保育が始まると、教育の幅が大きく広がります。その大きな活動幅も含め、ドキュメントにより保育者の「確かな保育の目」を養い、次のステップにつなげていくことが大切です。このような機会を持つことで、保育者、保護者、地域の方々から、助言などの協同の視点が得られます。さらにそこから、子どもを深く見つめる作業を推し進めることこそ、真の教育なのだと考えます。

※開封する前に3ページを必ずお読みください。

監修 ● 保育総合研究会	表紙・本文デザイン レーベルデザイン ● +++野田由美子
表紙イラスト ● Igloo*dining*	本文レイアウト ● 石山悠子
本文イラスト ● 中小路ムツヨ	データ作成 ● 森デザイン事務所
楽譜浄書 ● クラフトーン	編集協力 ● 倉田恵美子　森 麻子
校正 ● 株式会社円水社	編集企画 ● 飯塚友紀子

改訂版保育サポートブック3歳児クラスの教育　～指導計画から保育ドキュメンテーションまで～

発行日 ● 2021年 3月10日　初版第1刷発行
　　　　　2024年 1月 5日　　　　第3刷発行

発行者 ● 大村 牧
発行 ● 株式会社世界文化ワンダーグループ
発行・発売 ● 株式会社世界文化社
　　　　　〒102-8192　東京都千代田区九段北4-2-29
　　　　　電話　03-3262-5474（編集部）
　　　　　電話　03-3262-5115（販売部）

DTP作成 ● 株式会社明昌堂
印刷・製本 ● 図書印刷株式会社

©hoikusogokenkyukai,2021.Printed in Japan
ISBN 978-4-418-21704-5